성경이냐? 게임이냐?

Visual Worshi

모든 인간은 하나님의 형상을 닮은 존엄한 존재입니다. 전 세계의 모든 사람들은 인종, 민족, 피부색, 문화, 언어에 관계없이 존귀합니다. 예영커뮤니케이션은 이러한 정신에 근거해 모든 인간이 존귀한 삶을 사는 데 필요한 지식과 문화를 예수 그리스도의 사랑으로 보급함으로써 우리가 속한 사회에 기여하고자 합니다.

성경이냐? 게임이냐?

초판 1쇄 찍은 날 · 2013년 8월 13일 | **초판 1쇄 펴낸 날** · 2013년 8월 20일
지은이 · 오기원 | **펴낸이** · 김승태
등록번호 · 제2-1349호(1992. 3. 31) | **펴낸 곳** · 예영커뮤니케이션
주소 · (136-825) 서울시 성북구 성북1동 179-56 | **홈페이지** www.jeyoung.com
출판사업부 · T. (02)766-8931 F. (02)766-8934 e-mail : jeyoungedit@chol.com
출판유통사업부 · T. (02)766-7912 F. (02)766-8934 e-mail :jeyoung@chol.com

ISBN 978-89-8350-857-7(04230)
978-89-8350-790-7(세트)

값 13,000원

이 도서의 국립중앙도서관 출판시도서목록(CIP)은 서지정보유통지원시스템 홈페이지(http://seoji.nl.go.kr)와 국가자료공동목록시스템(http://www.nl.go.kr/kolisnet)에서 이용하실 수 있습니다.(CIP제어번호: CIP2013014651)

Visual Worship

성경이냐? 게임이냐?

오기원 지음

예영커뮤니케이션

나는 왜 이 책을 쓰는가

지금은 목요일 밤 10시 18분이고 이곳은 캐나다Canada의 노스밴쿠버North Vancouver 지역이다. 다운타운은 한창 바와 클럽이 붐빌 시간이고, 한국은 금요일 오후 2시경이겠지. 한 주를 마감하는 시간이 되어 가고 나른한 주말을 즐길 준비들을 하고 있겠다. 홍대와 강남거리는 무척 분주하고 바쁜 발걸음들로 가득 찰 시간이다.

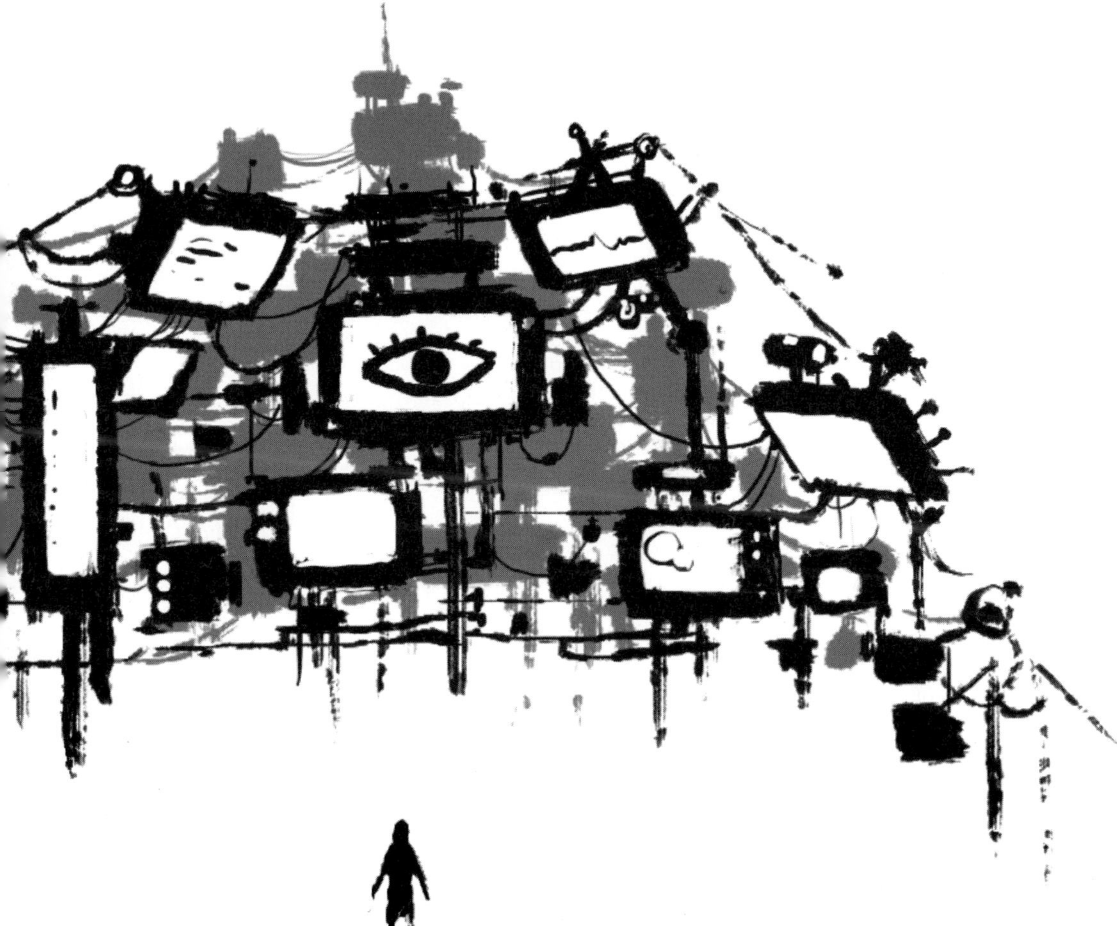

아침부터 왜 그렇게 신경 쓸 일이 많은지 회사 미팅 메시지는 피해도 피해도 계속 뜨고, 새로 시작하려는 그림책 일은 손도 대지 못하고 있다. 유가는 당연한 듯이 리터당 1.40달러가 되어 버렸다. 끝없는 금융위기론과 미국의 경기침체는 일간지의 단골 메뉴가 되었고, 지루한 리비아 사태에서 달라진 것 하나는 카다피가 반정부군에게 사살되었다는 것뿐이다. 끝없이 쏟아지는 새로운 뉴스들 때문에 일본의 쓰나미 소식도, 9·11 테러 사건도 아득한 일들이 되어 버렸다. 아내는 미국 코네티컷Connecticut 유치원생들 총기사고 소식을 듣고 울어서 눈이 빨갛게 충혈되었다.

주변에 너무 많은 일들이 일어나고 우리는 끝없이 분주해진다. 각종 뉴스와 구조조정과 파업의 소식, 사소한 생활 속의 일과들과 계획들, 무수한 정보와 메시지가 증거하는 위기론과 음모론들, 이제는 무엇이 진실인지 어떤 것에 가치를 두고 하루를 보낼 것인지를 생각하는 것은 이미 사치가 되어 버린 듯하다. 버스 정차시간이 길어져서 불편하지 않다면 다행일 뿐이다.

매 분기마다 더 좋은 컴퓨터가 나오고 모바일의 성능과 통신기술이 눈부시게 발달하는데, 우리는 더 바빠지고 가족과 대화를 나눌 시간이 줄어들고 암 발병률은 점점 더 높아진다. 피로에 지친 퇴근길 버스 안에서도 사람들의 눈은 쉬지 못하고 모바일폰에 사로잡혀 있다.

대체 왜 이 모든 일들이 우리에게 일어나는 것일까? 인터넷은 현실에 관한 각종 악플과 불평이 넘쳐나지만, 누구도 원인을 정확히 알지 못한다. 정치가들, 미래학자들과 경제전문가, 심리학자들까지 날마다 미디어에서 그들의 메시지를 쏟아내지만 도저히 신뢰할 수가 없게 되어 버렸다. 각종 미디어로 가득 찬 현대사회는 정보와 메시지의 홍수 속에 점점 더 복잡하고 어지러워진다. 혹시 미디어들 때문에 우리가 더 바빠지는 것은 아닐까?

오늘날 우리 귀에 날마다 익숙하게 들리는 단어 중 하나가 '미디어media'라는 단어다. 멀티미디어, 소셜미디어, 통합미디어, 뉴미디어 등 명확한 의미조차 쉽게 정의하기 어려운 많은 미디어들이 있다. 또한 날마다 늘어나는 가상공간 속 미디어 콘텐츠들 페이스북, 트위터, 위키피디아, 카카오톡, 앵그리버드와 애니팡 등 이루 다 헤아릴 수 없는 각종 미디어들이 우리의 관심과 참여를 기다리고 있다.

분명히 세상은 빨리 변해 가고 기술은 발전되어 간다. 인터넷 정보의 양은 기하급수적으로 늘어나고 운송수단들은 빨라지고 있다. 새로 나온 아이폰의 속도가 두 배나 빨라졌다고 한다. 그렇다면 우리 삶이 마침내 더 여유로워지고 편안해지는 것일까? 왜 우리들은 점점 더 바빠지는 것일까? 이토록 바쁘게 미디어에 집중하는 우리에게 전달되는 메시지는 무엇일까? 옛날에도 메시지가 가득한 아이패드가 있었을까? 누가 만들었을까? 있었다면 무슨 내용을 담고 있었을까? 혹시 이 모든 미디어와 메시지들에 관한 대답을 성경에서 찾을 수 있지는 않을까? 바쁘고 분주한 미디어 시대를 살아가는 크리스천 젊은이들과 어린 학생들, 그리고 미디어라는 단어를 아직도 낯설게 느끼는 기성세대들을 위해 가능한 한 쉽고 편안한 표현을 써서 이야기를 풀어 가려 한다. 잠시 모바일을 진동으로 놓고, 성경을 거울삼아 미디어에 관한 이야기를 풀어 가는 짧은 이야기 속으로, 시간과 공간을 넘는 여행을 떠나 보자.

이 책은 게임중독의 위험성이나 병폐를 고발하는 책이 아니다. 게임에서 빠져 나와 시간낭비를 줄이고 현실의 공부와 일에 집중해서 성공하라는 내용의 책은 더더욱 아니다. 나는 여러분의 사회적 성공에 관심이 없다. 또한 이 책은 성경과 게임을 비교평가 하려는 책도 아니다. 이 책에서 나는 성경을 역사적 사실로 보고 성경에 나타난 고대 미디어로부터 현대의 게임미디어까지 역사순으로 살펴보면서 대중문화에서는 발견할 수 없고 성경에서만 찾을 수 있는 메시지의 의미를 다루어 보려 한다. 넓은 시각을 가지고 수없이 많고 다양한 미디어들을 성경의 역사 안에서 이해하고 나면 우리를 둘러싼 많은 미디어들 앞에서 더 나은 선택을 할 수 있지 않을까? 이 책은 더 나은 선택을 위해 쓰여졌다. 또한 이 책을 통하여 미디어에 관한 문제를 제기하고 싶었다. 크리스천은 현대 대중문화와 미디어를 어떻게 봐야 하는가? 이 또한 누구도 간단히 답할 수 있는 문제가 아니리라.

쉽지 않은 일이지만 하지 않을 수는 없는 일이기에, 이렇게 내가 가진 부족한 경험과 작은 지식을 가지고 성경의 빛에 미디어들을 비추어 보려 한다. 이 책을 통해서 젊은 크리스천들이 그들을 둘러싼 미디어에 관한 성경적인 고민을 작게라도 시작하게 되기를 기대한다.

1

미디어와 메시지

V.i.s.u.a.l W.o.r.s.h.i.p

태초에

미디어와 메시지를 구분하면서 이야기를 시작해 보자. 미디어는 메시지가 아니다. 미디어는 메시지를 담거나 운반하는 그릇이라고 볼 수 있다.

최근 출퇴근 시간에 밴쿠버 버스 정류장에서 참 놀라운 광경을 접했다. 백인들이 삼삼오오 모여서 각자의 모바일 기기를 들고 춤추면서 "강남 스타일"을 따라 부르고 있었다. 한류의 영향력이 생각보다 커졌다는 것을 실감했다. 가사의 내용도 잘 모르지만 리듬과 영상이 흥겹고 재미있어서 따라 한다는 것이다. 곳곳에서 모바일 기기를 통해 "강남 스타일"이 흘러나온다. 이러한 경우에 모바일 기기는 미디어가 되고 "강남 스타일"은 메시지가 된다.

"강남 스타일"을 예로 든 것과 동일한 원리로 TV는 미디어가 되고 "9시 뉴스"의 내용은 메시지가 된다. 라디오는 미디어가 되고 교통상황 안내방송은 메시지가 된다. 우편배달을 예로 들자면 우편배달부는 미디어이고, 편지내용은 메시지다. 우편배달부와 같이 세상의 많은 미디어들은 다양한 방법과 수단으로 메시지를 우리에게 전달한다. 누군가는 메시지를 만들고 미디어를 이용해 전달하며, 누군가는 그 메시지를 받게 된다. 결국 메시지는 사람에게로부터 나와서 사람에게 전달된다. 그렇다면 시간을 거슬러 올라가서 아버지에게서 아들에게로, 할아버지에게서 아버지에게로 내려온 메시지의 시작은 언제였을까? 인류 최초의 메시지와 미디어는 무엇이었고, 어떻게 시작되었을까?

우리는 그 답을 창세기에서 찾을 수 있다. 창세기의 하나님은 말씀으로 세상을 창조하신 후에 마지막 작업으로 특별한 미디어를 제작하셨다. 어떤 특별한 것을 담으시려는지 자신의 형상대로 만드셨던 것이다. 그 미디어는 사람이었다. 세상 어떤 피조물도 사람 외에 하나님의 형상대로 만들었다는 기록이 없다. 사람을 만드신 후에 코에 생기를 불어넣는 장면이 나온다. 모든 피조물 중에 오직 사람에게만 생기를 불어 넣으셨다. 하나님의 생기가 사람에게 들어가자 하나님께로부터 온 최초의 생명 메시지가 사람 속에 들어간다.

(몸=육체+마음) + 영 = 사람

사람은 몸과 영으로 이루어져 있고, 몸은 다시 육체와 마음으로 이루어져 있다. 우리말에서는 대부분 몸과 육체를 같은 개념으로 생각하지만, 히브리어와 헬라어에서는 두 용어를 반드시 구분해서 사용한다. 육체는 히브리어로 "바싸르basar"라고 하고 헬라어로는 "사르크스sarx"라고 하는데 말 그대로 고깃덩어리와 같은 상태로서 그곳은 동물적인 생존

본능만이 존재하기에 영혼을 담기에는 적당하지 않다. 그래서 하나님께서 사람의 육체 속에 영혼을 담는 공간을 만드셨는데 그곳이 바로 마음이다. 마음은 히브리어로 "레브lev"이며 헬라어로는 "카르디아cardia"라고 한다. 육체와 마음이 합해서 사람의 몸이 되고 이 몸을 히브리어로 "게쉠gheh-shem"이라고 하고 헬라어로 "소마soma"라고 한다. 하나님께서 흙으로 아담을 처음 만드셨을 때 육체에 마음이 더해진 사람의 몸을 먼저 만드시고 영을 불어 넣으셨다. 그러자 사람의 몸과 영이 결합되어 하나님의 형상대로 만들어진 존재가 되었다. 창세기 2장 7절을 보면 사람의 구성요소는 몸과 생기로 이루어져 있다. 즉 사람의 몸에 영이 합쳐져 있다. 영은 히브리어로 "루아흐ruach"이며 헬라어로는 "프뉴마pneuma"다. 이 단어는 "하나님의 영"과 "사람의 영"에게 같이 사용된다. 이것으로 보아 영이라는 존재는 창조된 것이 아니라 하나님의 것을 사람에게 부어 주신 것이다. 마치 장난감 자동차 안에 배터리를 집어 넣으면 동작을 시작하듯이, 죽어 있던 물체에 생명의 근원이신 하나님의 생기가 들어온 것이다. 그렇게 사람은 하나님 자신이 거하시는 유일하고 거룩한 미디어가 되었다. 최초의 메시지는 생명의 근원이신 하나님 자신이셨고 최초의 미디어는 아담이었다. 그렇게 모든 것이 시작되었다.

여호와 하나님이 땅의 흙으로 사람을 지으시고 생기를 그 코에 불어 넣으시니 사람이 생령이 되니라(창 2:7).

1차 미디어와 2차 미디어

아내와 나는 CCM 가수 소향을 좋아한다. 오늘은 아내와 함께 소향이 출연하는 TV 대중가요 경연 프로그램을 시청하며 다시 한 번 그녀의 성량과 노랫속 진정성에 감탄을 했다. 위에서 살펴본 바와 같이 분명 TV는 미디어이고 노래의 내용이 메시지다. 그러나 또한 가수 소향도 미디어임이 분명하다. TV에서 방영되기 전에 가수 소향의 입에서 노래가 나오는 것이기 때문이다. 소향이 미디어이고 노래 내용이 메시지가 된다. 그렇다면 TV도 미디어이고, 가수도 미디어가 되는 것이다. 이러한 경우에 가수가 1차 미디어가 되고, TV는 2차 미디어가 된다. 사람들 사이의 모든 메시지의 1차 미디어는 사람이다.

유일하게 하나님이 거하시는 첫 번째 미디어 사람을 1차 미디어primary media라고 정의해 보자. 그러면 사람을 통해 2차적으로 표현되는 모든 미디어들은 2차 미디어secondary media가 될 수 있겠다. 우리가 악기를 연주하거나 그림을 그리거나 글을 쓰거나 어떤 창조 내지는 생산작업을 한다면 그것은 2차 미디어에 1차 미디어의 메시지를 넣는 것이라고 볼 수 있다. 즉 현재 우리를 둘러싼 모든 인터넷과 미디어들은 2차 미디어로서 우리에게 1차 미디어의 메시지를 전달하고 있다. 결국 2차 미디어들은 확성기와 같이 우리 안의 메시지를 더 크고 확실하게 전달하는 역할을 한다. 가수 안에 들어 있던 영혼의 메시지가 아름다운 노래의 옷을 입고 가수의 입을 통해 크게 전달되고 TV의 스크린을 통해 더욱 크게 확대되어 전달된다.

성경에는 1차 미디어와 2차 미디어의 관계를 명확히 규명하는 사건이 나온다. 아담의 아들들인 가인과 아벨의 제사 이야기다. 가인은 농사짓는 자였고, 아벨은 양치는 일을 했다. 위에서 우리가 살펴본 원리를 적용해 본다면, 가인과 아벨은 각자가 1차 미디어이고, 그들이 하는 생산활동들이 2차 미디어가 된다. 가인의 소출인 농작물은 2차 미디어이고 아벨의 소출인 양 또한 2차 미디어가 된다. 가인은 농산물로, 아벨은 어린양으로 하나님께 제사를 드렸는데, 하나님께서 아벨의 제사는 받으시고 가인의 제사는 받지 않으셨다. 왜일까? 하나님은 채식보다는 육식을 좋아하시기 때문일까? 성경을 자세히 보면 하나님께서 아벨1차 미디어과 아벨의 제사2차 미디어는 받으시고, 가인1차 미디어과 가인의 제사2차 미디어는 받지 않으셨다고 기록되어 있다. 아벨의 제사 이전에 아벨을 받으신 것이다. 즉 하나님께서는 2차 미디어보다는 1차 미디어를 먼저 살피고 받기 원하신다는 것이다. 1차 미디어인 가인의 마음과 삶 속에 하나님이 거하시지 않았고 이미 하나님과의 관계가 끊어져 있었기에 하나님께서는 본질 없는 외형뿐인 가인의 농작물 제사를 받을 수 없으셨다. 하나님께서는 언제나 1차 미디어인 사람을 먼저 살피신다.

사람의 행위가 자기 보기에는 모두 정직하여도 여호와는 마음을 감찰하시느니라(잠 21:2).

재미냐 의미냐

매년 6월이면 LA 컨벤션센터에서 세계 최대 규모의 게임엑스포 E3Electronic Entertainment Expo가 열린다. 전 세계 1,000여 개의 게임업체가 참여하고, 15만여 명이 참관한다. 각종 신규 게임들이 발표되고 4천만 달러한화 약 480억 원의 경제 파급효과를 창출한다. 2012년 11월 한국에서도 국내 최대 규모의 게임쇼인 지스타G-Star가 부산 벡스코BEXCO에서 열렸다. 온라인 게임의 종주국답게 막대한 예산이 투입된 신규 온라인 게임과 각종 모바일 게임들이 선보였다. 인산인해를 이룬 관람객이 28만 명에 달했고, 수출실적은 2억 달러한화 약 2400억 원에 육박했다.

관람객 중에는 장년층도 늘어나는 추세이지만 대학생과 청소년들이 주를 이룬다. 그렇다면 이들을 직접적으로 게임에 끌어당기는 힘은 무엇일까? 날마다 발전하는 화려한 그래픽 기술일까? 물론 화려한 시각효과가 흥미로운 눈요깃거리를 제공하겠지만, 단순하고 간단한 그래픽으로 구성된 옛날 닌텐도 게임에도 이미 많은 이용자들이 있었다. 그러면 더욱 빨라진 네트워크 환경과 온라인 시스템을 경험하러 오는 것일까? 프로그래머나 게임업체 종사자라면 모를까 일반인들은 기술적인 발전과 성과를 보러 게임엑스포에 오지는 않는다. 사람들이 게임 엑스포를 찾는 이유는 게임이 재미있기 때문이다.

시대를 초월해서 대중문화의 가장 큰 키워드는 "재미"였다. 대중문화 콘텐츠 제작자들은 콘텐츠에 재미를 넣는 것을 가장 중요하게 생각한다. 그렇다면 감동과 의미는 어떤가? 물론 감동과 의미 또한 대중문화 속의 한 부분을 차지하기는 하지만 절대요소인 재미가 차지하는 비중과는 커다란 차이가 난다. 쉽게 예를 들어 보면, TV 예능프로그램 "무한도전"을 시청하는 이유는 감동적이기 때문인가? 재미있기 때문인가? 일일 사용자 1천만 명을 돌파한 모바일 게임 애니팡을 즐기는 사람들이 원하는 것은 감동적인 의미가 아니라 자극적인 재미다. 삶이 바빠서 다섯 구절의 성경도 읽을 시간이 없지만 애니팡 5만 점을 넘기기 위해서는 짬짬이 시간을 내서 일주일에 다섯 시간도 더 투자한다. 스트레스 해소라고 불리는 파괴의 카타르시스를 대중은 재미라고 해석한다. 영화건 게임이건 대부분의 대중미디어는 재미에 기반을 두고 만들어진다. 재미만 있다면 요란한 음악도 잔인한 폭력도 선정적인 묘사도 마다하지 않는다. 그저 조금 미화시켜 표현하면 될 뿐이다. 재미있는 대중미디어는 돈을 벌어들이고, 돈은 또다시 더 많은 재미를 만들어 내는 미디어 산업에 투자된다. 이렇게 해서 많은 대중 미디어들의 메시지에는 재미만 남고 의미가 사라져 간다.

비디오 게임들은 철저한 비즈니스 원리에 의해 돈을 벌기 위한 목적으로 만들어진다. 게이머들은 게임 속 가상공간을 통해서 자신의 위치를 자랑하기도 하고 서로를 비방하기도 한다. 지나친 게임 몰두에 의해서 부모와 자식의 관계가 단절되기도 하고 선정적이고 폭력적인 콘텐츠 속에 빠져서 절제 없이 3일 밤낮을 플레이 하기도 한다. 가상공간 게임 아이템 때문에 현실에서 폭력을 휘두르기도 하고, 어린 아이들조차도 아이폰을 보면 게임을 하게 해 달라고 사납게 졸라댄다. 주일예배를 마치고 돌아가는 길에도 말씀 묵상을 하지 않고 애니팡을 플레이 한다. 구닥다리 성경책보다는 신형 아이폰의 기능이 인생에 도움이 된다고 믿는다.

2,000년 전 성경은 오늘날의 소셜 미디어에 나타나는 현상들을 이렇게 묘사하고 있다.

너는 이것을 알라 말세에 고통하는 때가 이르러
사람들이 자기를 사랑하며 돈을 사랑하며 자랑하며 교만하며 비방하며
부모를 거역하며 감사하지 아니하며 거룩하지 아니하며
무정하며 원통함을 풀지 아니하며 모함하며 절제하지 못하며
사나우며 선한 것을 좋아하지 아니하며
배신하며 조급하며 자만하며
쾌락을 사랑하기를 하나님 사랑하는 것보다 더하며
경건의 모양은 있으나 경건의 능력은 부인하니
이같은 자들에게서 네가 돌아서라
(딤후 3:1-5).

2

성경 속 미디어

V.i.s.u.a.l W.o.r.s.h.i.p

동산 중앙에

천지와 사람이 창조되고 나서 처음으로 사람 앞에 놓여진 것은 "선택"이었다. 아름다운 에덴동산의 가장 중요한 곳 정중앙에는 사람에게 전권을 부여한 선택이 기다리고 있었다. 다른 만물들과는 달리 하나님의 형상대로 만들어진 사람에게는 엄청난 선택의 자유와 권리가 주어졌다. 심지어 하나님을 거부할 자유까지 주어졌다.

어떤 물건이건 사람이건 만든 자가 피조물의 이름을 선택한다. 그러나 하나님께서는 세상 모든 것을 만드신 후 이름을 아담에게 선택하게 하셨다. 아담은 다양한 동식물의 이름과 광활하고 아름다운 대자연의 모든 이름을 만들고 다스렸다. 아주 작은 일부분이었지만 창조주의 권리까지 누리는 특권이 주어졌다. 그리고 모든 것의 이름을 만들고 다스리게 된 후에 한 가지 다스릴 수 없는 것이 있다는 것을 알게 되었다. 스스로 하나님이 되어 창조주 하나님마저 다스리고 싶어졌다. 그렇게 욕심의 선택이 죄를 가져오고 죄가 인류에게 죽음을 가져오게 되었다.

어느 날 사람은 선택의 자리인 동산 중앙에 선다. 동산 중앙에는 생명의 나무가 있었고 선악을 알게 하는 나무도 있었다. 생명의 나무 열매를 먹으면 영원한 삶을 살게 되고 영원토록 하나님을 닮아가는 프로그램이 가동된다. 반면에 선악을 알게 하는 나무는 유일하게 하나님이 먹지 말라고 금지하신 나무였다. 먹으면 죽음이 찾아오고 하나님을 닮아가는 프로그램도 멈춰 버린다. 두 나무 사이에 서서 사람은 망설이고 있다. 사람의 선택을 기다리며 생명의 나무는 잠잠히 있다. 반면에 선악을 알게 하는 나무에는 뱀이 나타나서 소리 높여 사람이 듣고 싶어하던 메시지를 전달하며 끌어당긴다. 메시지는 "하나님같이 되리라"는 것이었다. 사람은 들어야 하는 것보다는 듣고 싶은 것을 듣고 선악을 알게 하는 나무를 선택해 버렸다. 당장 과일 하나를 먹는 것으로 하나님처럼 되겠다는 무모한 욕심이 죄를 낳고 죄가 커져서 사람에게 죽음을 가져와 버렸다. 죄 때문에 사람과 하나님의 관계도 단절되어 버렸고, 생명의 나무로 가는 길도 끊어져 버렸다. 그렇게 해서 한 번 죽는 것은 사람에게 정해져 버렸고, 그 후에 심판이 있게 되었다. 아무리 기다려도 결코 하나님께 돌아 올 수 없는 사람을 찾아 하나님의 아들이 직접 세상에 내려올 때까지 사람들은 생명의 나무를 찾을 수 없었다.

오래 전 우리 조상의 선택 때문에 우리도 에덴동산에서 살 수가 없다. 선택은 나와 내 후손들의 미래를 위해서 참 중요한 것이다. 그렇다면 중요한 선택은 태초에만 있었던 것일까? 오늘날 버스를 기다리며 정류장에 잠시 앉아 있는 우리 앞에도 선택이 놓여 있다. 어떤 선택은 언약과 약속을 기억해야 할 수 있고, 어떤 선택은 홍미로운 광고와 즐거운 그림들만 보면 할 수 있다. 성경을 펼 것인가? 모바일 게임을 할 것인가? 에덴동산 한 가운데서 있던 태초의 조상처럼 우리도 오늘 선택 앞에 선다.

2차 미디어의 시작

지금부터는 성경 속 미디어들을 몇 가지 간추려서 역사 순으로 다루어 보고자 한다. 최초의 예술 미디어로 등장하는 것은 유발이 만든 수금과 통소였다.

그의 아우의 이름은 유발이니 그는 수금과 퉁소를 잡는 모든 자의 조상이 되었으며(창 4:21).

인류 최초의 악기 수금은 하프와 같은 현악기였고 퉁소는 플루트와 같은 관악기다. 이렇게 미디어는 하나님을 향한 예배와 사람에게 즐거움을 주는 요소로 등장한다. 그런데 바로 뒤에 두발가인이 구리와 쇠로 여러 기구를 만든 기록이 나온다.

씰라는 두발가인을 낳았으니 그는 구리와 쇠로 여러 가지 기구를 만드는 자요(창 4:22).

아마도 그 기구들이 날카로운 무기였을 가능성이 크다. 왜냐하면 그 다음 구절에 라멕의 두 아내 이야기와 라멕의 살인사건이 나오기 때문이다.

라멕이 아내들에게 이르되 아다와 씰라여 내 목소리를 들으라 라멕의 아내들이여 내 말을 들으라 나의 상처로 말미암아 내가 사람을 죽였고 나의 상함으로 말미암아 소년을 죽였도다(창 4:23).

하나님은 분명히 1부 1처제의 원리로 가정을 만들어 주셨지만 성적인 타락 때문인지 욕심 때문인지 라멕에게는 아내가 두 명이 있다. 가정의 원리가 깨어진 것이다. 또한 자신에게 상처를 입힌 소년을 죽음으로 복수했다고 아내들에게 떠벌리고 있다. 심지어 가인의 죄까지 들먹이며 더 큰 죄를 지은 자신에게 자아 도취되어 노래를 부른다.

가인을 위하여는 벌이 칠 배일진대 라멕을 위하여는 벌이 칠십칠 배이리로다 하였더라(창 4:24).

라멕은 스스로 음란과 살인을 퍼뜨리는 악한 미디어가 되어 버린 것이다. 이어서 다음 구절에는 가인에게 죽은 아벨 대신 셋이 아담 가정에 태어났고, 셋의 아들 에노스의 때에 비로소 하나님의 이름을 부르는 사람들이 나타난다.

셋도 아들을 낳고 그의 이름을 에노스라 하였으며 그때에 사람들이 비로소 여호와의 이름을 불렀더라(창 4:26).

창세기 4장 21-26절의 짧은 구절들을 읽으면서 마치 인류 역사의 처음과 끝을 보는 것 같고, 창세기부터 계시록까지 성경통독을 끝낸 것과 같은 느낌이 들었다. 하나님과 사람을 위해 만들어진 미디어는 타락의 도구로 점차 변질되어 사람을 몰락시키며 마지막 날에 소수의 구별된 사람들만이 하나님의 이름을 부른다는 의미이기 때문이다.

외치는 나무들

화가들의 그림에는 그들의 삶 속의 읊조림과 고백과 하소연과 외침과 비밀스런 대화가 때로는 가느다란 전화선처럼 때로는 천둥 같은 북소리처럼 메아리친다.

4년 전에 밴쿠버 다운타운 아트센터에서 열렸던 피카소Pablo Picasso 전에 갔던 기억이 난다. 피카소의 작업들이 연대순으로 배열되어 있었는데, 내게 가장 흥미로운 부분은 피카소의 그림이 현실적인 표현에서 추상적인 표현인 큐비즘cubism으로 변해 가는 흐름을 지켜보는 것이었다. 우리에게 흔히 알려진 큐비즘의 그림들은 이미 큐비즘이 완숙의 단계로 들어간 후의 작업들이 대부분이다. 탄탄하고 완벽해 보이는 구성과 자신 있고 명료한 선들의 조합이 거장 피카소의 큐비즘을 확고히 드러낸다. 그러나 피카소에게도 사춘기 소년의 불안정한 성장 과정처럼 자신도 알지 못하는 미지의 큐비즘을 희미하게 바라보며 탄식과 고뇌로 그려간 수많은 습작들이 있었다. 작은 큐비즘의 느낌들을 찾아낼 때마다 남모르는 환희의 획을 긋기도 하지만 표현하고자 하는 메시지를 구체화시키지 못해서 방안을 맴돌며 몰아 쉬는 한숨 소리도 화폭에 가득하다. 이와 같이 완성되고 구체화된 결과물뿐 아니라 습작의 과정 속에서 화가들의 더 많은 이야기를 들을 때가 있다.

갈보리 위 완성된 십자가를 이룬 것은 누울 곳조차 없던 나사렛 예수의 삶이었고, 산 위에 우뚝 선 구원의 상징인 방주를 완성시킨 것은 우리가 귀 기울이지 않았던 100년간 노아의 헌신이었다. 그 이야기를 해 보려고 한다.

노아는 하나님의 말씀대로 산꼭대기에 방주를 만들었다. 세상 모든 사람들에게 메시지가 전달되어야 하기 때문이었다. 방주는 오늘날 우리가 생각하는 범선 같은 배가 아니었다.

너는 고페르 나무로 너를 위하여 방주를 만들되 그 안에 칸들을 막고 역청을 그 안팎에 칠하라 네가 만들 방주는 이러하니 그 길이는 삼백 규빗, 너비는 오십 규빗, 높이는 삼십 규빗이라. 거기에 창을 내되 위에서부터 한 규빗에 내고 그 문은 옆으로 내고 상중하 삼층으로 할지니라(창 6:14-16).

방주는 길이 135미터, 넓이 22.5미터, 높이 13.5미터로 축구장보다 조금 길고, 넓이는 조금 좁은 거대 라디오 상자 같은 구조물이었다. 설계도에는 방향키도 없고 바람을 동력으로 삼을 돛도 없었다. 방주를 짓기 전에 노아의 나이는 500세였고, 홍수가 시작되었을 때 600세였으니 방주의 제작기간은 100년쯤 된 것 같다. 방주는 나무로 만들어진다. 노아는 수많은 나무들을 찍어 넘겼을 것이다. 당시에는 하늘 위에도 바다처럼 궁창이 있던 터라 하늘은 검은색이었을 것이고 비가 세상에 내린 적도 없고, 지면에서 안개만이 올라와 식물들에게 수분을 공급했을 것이다. 덕분에 나무들은 땅에서 올라오는 수분을 온몸으로 받아들이면서 필요한 햇빛을 더 받으려 높이 높이 올라갔을 것이고, 요세미티 공원의 거대 삼나무들처럼 엄청난 크기로 성장해 있었을 것이다. 아무리 외쳐도 듣지 않는 심판의 경고를 가슴에 품고 수많은 조롱과 비웃음을 뒤로 한 채 노아는 거대목을 향해 도끼를 휘둘렀다. 100년의 시간 동안 나무를 친 충격은 손이 굳은 살로 가득하고 갈라지고 피가 나게 하기에 충분하지 않았을까? 이미 핏자국 가득한 헝겊을 손에 두르고 다시금 나무를 내려치는 노아의 손이 보인다. 도끼에 맞으면서 가지가 잘려나가고 거대한 몸이 넘어지면서 나무는 노아의 가슴 속에 있는 외침을 절규하듯 쏟아냈다. 성경은 "너희가 잠잠하면 돌들이 외치리라"고 했다. 노아가 홀로 서 있던 곳은 산이 아니라 전 세계를 향한 하나님의 미디어 방송국이었다. 아직은 이 땅에 하나님을 기억하고 사랑하는 자들이 있다는 것을 하나님 앞에, 사람들 앞에, 악한 영들 앞에 온 천하에 선포했던 외침. 방주는 배가 아니라 수백 그루의 나무와 도끼로 써 내려간 거대한 성경이었다. 땀으로 얼룩진 목숨을 건 예배였다.

프로파간다 propaganda

성경 속 미디어

2012년 대통령 선거철이 되자, 미국과 한국 미디어들은 대권 후보들의 선전구호와 공약들을 쏟아냈다. 후보들의 말 한 마디와 행동 하나에 주가가 오르내리고, 후보들의 연설과 토론이 있을 때마다 기대와 더불어 탄식소리도 그치지 않았다. 수많은 언론 기자들의 카메라 플래시는 후보들의 작은 일상조차도 역사의 한 순간으로 격상시켰다. TV, 라디오, 각종 인터넷 미디어들을 통하여 전달되는 모든 후보들의 메시지에는 어려움을 넘어선 희망과 성취가 묘사되어 있고 또한 출처를 알 수 없는 행복의 보장으로 가득하다.

듣고만 있어도 미래가 기대되는 수많은 공약들을 앞다투어 나열하지만 한 가지 언급하지 않은 것이 있다. 그것은 공약을 이루기 위해서 국민들이 지불해야 하는 대가에 관한 것이다. 대선 후보들의 공약은 공짜가 아닌 것이다. 대선 공약부터 새로 나온 무료 모바일 게임까지 미디어가 선전하는 모든 상품들을 선택한 대중들은 값을 치러야 한다. 세금이라고 불리는 돈을 지불하거나 시간이라고 불리는 생명의 조각들을 지불해야 한다.

히틀러Adolf Hitler는 인류 역사상 가장 뛰어난 웅변가 중 하나였다. 그의 연설을 듣다 보면 대문호 에밀 졸라Emile Zola의 "나는 탄핵한다"를 읽는 것처럼 진리를 향한 불 같은 열망이 쏟아져 나오는 감동마저 느끼게 된다. 히틀러는 그의 저서 『나의 투쟁』에서 "당은 여론의 순경이어서는 안 되고 여론의 지배자가 되어야 한다"고 주장했다. 권력을 갖기 위해서는 미디어를 지배해야 함을 일찍이 알고 있었던 것이다. 그의 연설 현장은 국가적 신념을 넘어 집단 헌신 서약을 하는 종교 행사를 방불하게 했다. 몰려드는 수많은 군중들은 그의 목소리에서 현실의 어려움을 극복하고 희망찬 내일을 건설하려는 용기를 얻었다. 히틀러는 1차대전에 패하고 빚더미에 앉은 독일 국가경제와 열방의 틈바구니에서 패배주의에 젖어버린 무기력한 국민들에게 잊혀진 아리안족의 자긍심과 민족 정체성을 부르짖었다. 그는 시대와 역사의 변두리에서 머뭇거리는 동족들을 세상의 중심에 서게 하고 그들이 원하는 세계건설을 위한 구체적인 행동을 할 수 있도록 뜨거운 에너지가 들어 있는 메시지를 계속 불어넣었다.

메시지의 핵심은 다른 모든 민족 위에 군림하는 드높은 아리안제국을 건설하는 것이었다. 이를 위해서는 독일 국민 모두가 히틀러의 꿈을 위한 피와 희생 제물로 바쳐진다는 것을 히틀러는 말하지 않았다.

이와 같은 프로파간다propaganda는 고대 바벨론에도 있었다. 노아 홍수 이후에 온 땅에 흩어져 살아가라고 하신 하나님의 명령을 무시하고 바벨론의 군주가 되어 사람들을 끌어 모아 선동했던 자가 있었으니 바로 니므롯이었다. 히틀러처럼 니므롯도 강력한 프로파간다 문구를 만들어 사용했음을 성경에서 찾아볼 수 있다.

"자 성읍과 탑을 건설하여 그 탑 꼭대기를 하늘에 닿게 하여 우리 이름을 내고 온 지면에 흩어짐을 면하자"(창 11:4).

니므롯의 메시지는 매우 행동적이며 구체적이다. 그는 "성읍과 탑을 건설함"으로 과업을 현실적으로 시작할 수 있음을 분명히 했고, "하늘에 닿는다"는 표현을 사용하여 과업완수의 청사진을 군중들에게 확고히 시각화시켰다. 또한 사명감과 헌신을 극대화시키기 위해서 동참자들의 이름 위에 명예를 부여한다. 그리고 이 모든 위대한 과업은 사람을 온 지면으로 흩으려는 하나님이 또다시 홍수 심판 따위로 그들을 위협하지 못하게 하려는 것임을 밝힌다. 하나님은 무지개 언약으로 더 이상 홍수 심판이 없을 것을 말씀하셨지만 그들은 하나님의 언약보다는 인간의 의지를 선택했다. 하나님의 명령과는 상관없이 사람들은 흩어짐 없이 살고 싶은 대로 살아갈 것이고 홍수가 한 번 더 온다 하더라도 탑 위에서 살아 남으리라는 것을 탑을 통해 하나님 앞에 주장했다. 바벨탑은 피조물이 창조주에게 보낸 가장 교만한 메시지였다. 이렇게 거만한 니므롯의 공약을 완성시키기 위해서 대중들은 하나님에게 반기를 들고 생명과 영혼을 지불해야 한다는 것을 니므롯은 언급하지 않는다.

그저 선택만 하면 모든 것이 공짜로 저절로 이루어질 것처럼 외쳐대는 미디어들의 대중선동에 속아서 우리가 지금 지불하고 있는 것은 무엇인가? 돈인가, 생명인가, 영혼인가?

영혼의 고속도로

아침 출근 전에 큰아들 녀석을 초등학교에 바래다 주었는데, 오늘따라 교통체증이 심했다. 다행히 갓길로 나가서 갈 수 있었기에 등교시간에 늦지는 않았다. 큰아들을 바래다 주고 출근하면서 곰곰이 생각해 봤다. 평소에는 교통체증이 없는 길이라 그토록 정체가 심했던 이유가 궁금했다. 고속도로 입구로 이어지는 길이라 병목현상이 조금 있기는 하겠지만 이렇게 심한 정체는 평소에 겪어보지 못했기 때문이다. 그런데 그 의문은 곧 해소되었다. 고속도로 입구의 도로 공사 때문이었다. 고속도로에 진입하기만 하면 빠른 속도로 움직일 수 있는데 병목현상과 도로공사가 겹쳐서 진입하는 과정에서 심한 정체가 발생했던 것이다.

고속도로는 우리가 가려는 곳에 빨리 다다르게 해 준다. 고속도로를 이용하지 않고 갓길로만 운전하면 너무 많은 시간이 낭비되고, 갓길을 통해서는 영원히 목적지에 도달하지 못하는 경우도 있다. 고속도로는 여러 모로 정말 중요하다. 그런데 자동차가 다니는 고속도로만 중요한가? 아스팔트 고속도로에는 자동차가 다니지만, 광케이블 고속도로에는 정보가 다닌다.

1990년대 초에 전화선을 이용한 모뎀과 함께 시작된 인터넷은 정보의 고속도로였다. 각종 문서와 도서관의 방대한 자료들이 클릭 한 번으로 우리 앞에 다가와 펼쳐진다. 우리 몸은 아스팔트 고속도로를 통해 목적지에 다다르고 우리 정신은 정보의 고속도로를 통해 원하는 자료들을 찾게 된다.

그러면 우리 영혼의 메시지를 운반하는 고속도로도 있을까? 몸에 이상이 생겨서 물리적인 육체의 아스팔트 고속도로가 끝나는 곳에, 각종 악플들로 마음이 상처를 입어 광케이블 인터넷 고속도로가 끝나는 곳에서 우리는 어디로 가야 할까?

창세기에는 영혼의 고속도로를 본 사람이 있었다.

야곱은 형과 아버지를 속여가면서까지 미래가 보장된 뻥 뚫린 풍부한 소유의 길을 달려 왔다고 믿었다. 그러나 영원할 것 같았던 그 길은 캄캄한 광야의 돌무더기 앞에서 끝나 버렸다. 길의 끝은 외로웠다. 가족도 친구도 없이 빈털터리로 외로이 멈춰 서 있는 것이었다. 인간적인 방법으로는 더 이상 앞으로 나아갈 수 없는 어두운 길의 끝에서 광야의 버려진 돌덩이들과 다를 바 없는 자신을 만난 것이다. 돌베개를 베고 누우니 누가 돌인지 누가 야곱인지 알 수도 없었다. 수많은 광야의 돌덩이들은 모두 다 길의 끝에 다다른 야곱들이 아니었을까?

그러나 야곱은 돌덩이들과 구별되는 점이 있었다. 그는 돌베개를 베고 누워 잠자면서도 눈물 젖은 아버지의 이름과 아버지와 할아버지가 사랑했던 하나님의 이름을 기억하고 있었다. 조상들과 함께했던 하나님의 이름을 생각하고 꿈 속에서도 그 약속을 기억했다. 야곱은 이제 더 이상 광야의 죽어 있는 무수한 돌덩이리 중 하나가 아니었다. 하나님의 약속을 붙잡은 예배의 제단 돌이 되었다. 바쁜 삶에서는 스스로 힘으로 달려왔지만 외로운 광야에서는 하나님을 묵상하는 시간이 생겼다. 하나님께 상한 심령을 가지고 대화할 시간이 생겼다. 그러자 길이 끝난 곳에서 하늘이 열리고 영혼의 고속도로spiritual highway가 나타났다. 빛의 속도로 천사들이 오르내리며 야곱의 목소리를 은쟁반에 담아 하나님께 올려가고 하나님의 메시지를 담아 내려왔다. 하나님의 영과 사람의 영이 서로 메시지와 감정을 전달하는 길인 영혼의 고속도로를 우리는 기도라고 부른다. 기도하기 전에는 야곱이 바쁘지만, 기도한 후에는 하나님이 바빠지고 천사들은 빛의 속도로 움직이기 시작한다.

기도를 통하지 않고서는 우리 영혼의 목소리가 하나님께 도달하기가 불가능하다. 또 기도를 하기 전에는 마치 고속도로에서 앞 공사때문에 정체되었던 길처럼 없던 문제도 생겨서 기도를 지연시키거나 좌절시키는 경우도 많다. 그러나 우리가 어두운 밤에 멈춘 외로운 곳에서 하나님을 기억하고 붙잡기 시작하면 세상 길의 종착역 벧엘은 영혼의 고속도로 출발역이 된다.

크리스천 스타일

아이폰 5가 새로 나온 후에 다시금 아이폰 아이패드 열풍이 불고 있다. 시대에 부응하는 자연스런 미디어 열풍과 함께 몰려오는 메시지와 유행들에 자연스럽게 동화되어 가는 사람들을 보면서 여러 가지 질문이 떠오른다. 시대의 유행과 문화에 동조하는 것은 비성경적인가? 무엇을 기준으로 메시지를 분별하고 받아들여야 하는 것일까? 싸이의 "강남 스타일"이나 "젠틀맨"은 우리 영혼에 어떤 영향을 미칠까? 옛날 구약시대에도 유행이 있었겠지? 하나님의 사람들은 어떤 라이프 스타일을 가지고 있었을까? 세련된 도시와 앞선 문명을 홀로 경험하며 크리스천 스타일을 살았던 시골청년을 만날 시간이 된 것 같다.

70명 정도의 대가족이긴 했지만 여전히 떠돌이 목축업으로 생계를 유지했던 히브리인 야곱의 가족 이야기를 해야겠다. 야곱의 열한 번째 아들 요셉은 형들이 아라비아 상인들에게 은 20개를 받고 팔았다. 아라비아 상인들은 당시 무역의 중심국이었던 이집트로 요셉을 끌고 가서 파라오의 경호실장 보디발에게 노예로 팔았다.

요셉이 이집트 문화를 어떻게 분별하고 적응했는가가 무척 궁금했다. 그러나 성경은 요셉이 아니라 하나님을 말하고 있다. 보디발에게 팔린 직후 요셉의 이집트 삶은 여호와의 이름으로 시작되었다.

여호와께서 요셉과 함께 하시므로(창 39:2), 여호와께서 그와 함께 하심을 보며 또 여호와께서 그의 범사에 형통하게 하심을 보았더라(창 39:3).

하나님의 은혜가 요셉 위에 내리자 사람의 은혜도 따라왔다.

요셉이 그의 주인에게 은혜를 입어 섬기매 그가 요셉을 가정 총무로 삼고 자기의 소유를 다 그의 손에 위탁하니(창 39:4).

보디발이 요셉에게 잘해 주자 하나님은 보디발까지도 요셉 때문에 복을 받게 하셨다.

여호와께서 요셉을 위하여 그 애굽 사람의 집에 복을 내리시므로… (창 39:5).

이처럼 요셉의 크리스천 스타일은 그의 노력이 아닌 하나님의 전적인 은혜로 시작되었다. 요셉은 수동적으로 이집트의 문화와 미디어들을 찾아보며 분별하려고 애쓰지 않았다. 스스로가 하나님의 미디어가 되어서 주위의 모든 이들이 계속해서 요셉을 "보고" 형통하게 하시는 하나님을 간접적으로 접했던 것이다. 하나님은 본인께서 가장 강력한 메시지이시기에 미디어인 우리 가슴에 하나님이 계시면 온 세상이 우리를 바라볼 것이라는 믿기지 않는 사실을 성경은 담담히 풀어내고 있다. 성경은 크리스천이 세상에서 가장 강력한 미디어라고 말하는 것이다.

보디발의 아내가 요셉을 유혹하는 장면에서 요셉의 생각을 처음으로 엿볼 수 있다. 요셉은 유혹을 거절하며 명확히 말했다.

> 내가 어찌 이 큰 악을 행하여 하나님께 죄를 지으리이까(창 39:9).

요셉의 관심은 오로지 하나님과의 관계였다.

보디발의 아내가 요셉을 모함했지만 하나님은 사악한 보디발의 아내의 손이 닿지 않는 안전한 감옥에서 요셉을 보호하셨고 3년간 이집트 정치시스템을 전문가들에게서 배우게 하셨다. 그럼 요셉의 감옥생활은 무엇으로 시작되는가?

> 여호와께서 요셉과 함께하시고 그에게 인자를 더하사 간수장에게 은혜를 받게 하시매(창 39:21).

물론 하나님의 전적인 은혜가 또 시작되었다.

그 후에 하나님이 바로에게 꿈을 주시고 요셉은 그 꿈을 해석하여 이집트의 총리가 되었다. 바로는 정치 기반 없는 요셉을 제사장 보디베라의 딸 아스낫과 결혼시켜 든든한 정치 후원세력까지 만들어 주었다. 하나님의 은혜가 요셉 위에 내리자 사람의 은혜도 계속 따라왔다.

요셉은 자신을 팔았던 형들도 용서하고 아버지 야곱을 포함한 모든 가족을 이집트로 불러와서 목축업에 적합한 고센 땅에 머물도록 했다. 당시 이집트의 첨단산업은 농업이었고 목축업은 하찮게 여겨지는 유행이 지난 산업이었다. 그럼에도 불구하고 요셉이 형제들을 목축업자로 남게 한 것은 치밀한 계획 때문이었다. 가족들보다 먼저 혼자 이집트에 와서 많은 것을 겪으면서 이집트의 문화를 누구보다 잘 알았기에 동족들이 현란한 이집트 다운타운 문화에 섞이지 않고 이집트인들과 조금은 거리를 둔 곳 고센 땅에서 서로 모여 신앙을 지켜 가기를 원했기 때문이다. 고센 땅은 마치 지금의 교회와 같다는 생각이 든다. 또 다른 이유는 하나님이 아브라함과 하신 약속 때문이다. 4대만에 이스라엘을 가나안 땅으로 돌아오게 하시겠다고 언약하신 것을 믿고 있었기에, 언젠가 하나님이 부르실 때 최대한 기동성 있게 많은 소유를 유지하고 떠나려면 목축업 만한 산업이 없기 때문이었다. 하나님의 사람들은 언약대로 왔다가 언약대로 간다는 것을 요셉은 알고 있었다.

크리스천 스타일은 하나님의 전적인 은혜로 시작되어 세상에 영향력을 미치는 미디어로 성장한 후에 하나님의 몸 된 교회를 돌보다가 언약대로 하나님께 돌아가는 것이다. 아이폰과 아이패드의 앱들을 힘겹게 분별하며 악하지 않은 프로그램을 찾는 것은 큰 의미가 없다. 우리에게 의미 있는 한 가지는 주어진 인생의 날 동안 어떻게 해서든 하나님을 더 알아가는 것이고, 우리 스스로가 아이패드 따위와는 비교할 수 없는 하나님의 미디어가 되는 것이다.

기도상자

태평양 연안에 위치한 북미의 도시 밴쿠버에 살면서 좋은 점 중 하나는 다양한 음식을 맛보고 접할 수 있다는 것이다. 세계 각국에서 온 이민자들로 이루어진 도시에는 다양한 인종만큼이나 다양한 먹거리들로 가득 차 있다. 마음만 먹으면 아시아, 아메리카, 유럽의 음식들을 하루에 모두 경험할 수 있다. 이렇게 멋진 도시 안에 수없이 많고 다양한 맛집들을 경험하면서도 문득문득 그리운 것이 있으니 바로 고향의 맛이다. 좀 더 정확히 말하자면 어머니가 만들어 주시는 음식이다. 음식이라는 2차 미디어에 어머니의 사랑의 메시지가 들어 있기에 어머니의 음식은 세상 어떤 음식점의 음식보다 특별한 것이다. 이처럼 어머니의 손길이 깃든 것은 음식이든 옷이든 편지든 우리들을 부드럽고 따뜻하게 둘러싸며 어머니의 사랑 메시지를 속삭인다.

야곱의 온 가족이 요셉을 통해 이집트로 이주한 후 많은 시간이 흘렀다. 새로운 파라오는 히브리인들이 빠르게 번성하고 세력이 강해지는 것을 보고 위협을 느껴 모든 히브리 남자 아기를 죽이라는 명령을 내린다. 수많은 히브리인 어머니들이 아기를 이집트 병사들에게 빼앗겼다. 병사들은 빼앗은 아이들을 나일 강에 던져 죽였다.

이렇게 위급한 상황 속에서 모세의 어머니는 모세를 낳은 후 석 달 동안 숨겨서 길렀으나 더 이상 숨길 수 없음을 알고 갈대를 이용하여 특별한 미디어를 제작했다.

당시 이집트 나일 강 주변에는 많은 갈대가 있었고, 사람들은 갈대로 상자를 만들어 음식이나 작은 물건들을 운반했다. 집안에 숨길 수 없는 모세가 갈 곳은 나일 강 뿐이었고, 나일 강에서 살기 위해서는 강물로부터 보호해 줄 갈대상자 뿐이었다. 물이 새어들지 않도록 최대한 촘촘한 갈대상자를 만드는 어머니의 손이 한밤중에 낡은 등불 아래 아른거렸다. 아기의 생명이 걸린 갈대줄기를 엮어가면서 어머니는 무슨 생각을 했을까?

자신이 할 수 있는 것은 단지 물이 새지 않도록 가냘픈 갈대들을 엮고 갈대상자 위에 역청과 나무진을 칠하며 하나님께 기도하는 것뿐이었다. 거친 나일 강 위에 갈대상자를 뜨게 하는 것도 나일 강 악어와 이집트 병사들로부터 갈대상자를 지키는 것도 하나님만 하실 수 있기 때문이다. 갈대상자는 어머니의 눈물 어린 기도를 들으면서 매일 밤 조금씩 완성되어 갔다.

그렇게 만들어진 기도의 미디어 갈대상자는 하나님의 출애굽 메시지 모세를 감싸 안고 죽음의 나일 강을 넘어 생명의 목적지로 향했다. 어머니의 뜨거운 눈물에 젖은 상자는 차가운 나일 강 물결에 젖지 않았다.

세상의 많은 혁명과 변화들은 눈에 보이는 강력한 세력들의 선동구호와 폭발적인 대중성을 가지고 시작한다. 그러나 하나님께서는 작은 보자기에 쌓여 있는 아기 속에 선물들을 담아 세상에 보내셨다. 갈대상자 속의 아기 모세에게 이스라엘 해방의 약속을 담아 보내셨고, 성전에서 잠자던 작은 아이 사무엘 속에 다윗 왕에게 기름 붓는 위대한 이스라엘의 마지막 사사를 담아 보내셨다. 사가랴의 아내 엘리사벳의 뱃속 아이 요한 안에는 메시아의 길을 예비하는 광야의 소리를 넣으셨고, 구유에 누운 아기 예수 속에 인류 구원의 거룩한 완성을 담아 보내셨다. 그리고 이 모든 언약과 약속의 아기들은 하나님께 드리는 어머니의 기도로 준비되었다.

열 통의 편지

얼마 전 영화 "에일리언Alien"의 속편 "프로메테우스Prometheus"를 봤다. "에일리언" 시리즈는 분명 외계 괴생물체가 출연하는 공포영화였는데, "프로메테우스"는 철학과 신학을 다룬 영화로 변신해서 극장으로 돌아왔다. 영화를 보는 내내 '인간은 무엇이며 어디서 왔는가?

창조주는 누구인가?'라는 질문을 관객들에게 던지고 있었다. 결말에는 우리를 만든 창조주가 우리의 행복 따위에는 전혀 관심이 없으며 오로지 자신의 유익대로 행하는 것을 보고 사람은 또 다른 진정한 삶의 이유와 근본을 찾으러 떠나게 됨을 보여 준다. 영화는 관객들에게 멀리 있고 찾기도 힘든 하나님을 기껏 찾아봐야 어차피 사람들에게 그다지 관심 있는 분이 아님을 고발하고 비난한다. 반면에 좀더 인간적으로 우리에게 다가와 당장 필요한 인간적인 의리와 정을 나누는 프로메테우스로 위장한 사탄의 존재를 크게 부각시킨다. 거친 돌들로 수고로이 보이지도 않는 형이상학적인 말씀의 재단을 쌓을 능력이 있다면 차라리 과학과 이성의 힘을 빌려 돌로 떡을 만들어 먹는 것이 유익하리라는 메시지다.

최근에 등장하는 많은 영화와 게임, 콘서트와 페스티벌들에서 현저하게 종교적이고 영적인 코드들을 발견하는 것은 어려운 일이 아니다. 좀 더 정직하게 말하면 대부분이 종교적이고 영적인데 우리의 영성이 무디어져서 분별력을 잃어버렸다는 표현이 정확하다. 그렇다면 왜 많은 영화들에서 집단 샤머니즘 의식이 나오고, 게임에서는 정령과 마법이 난무하고, 대중 콘서트는 점점 더 종교집회 같이 변해 갈까? 심지어 런던 올림픽 개막식에서는 왜 거대한 마귀형상이 그토록 오랫동안 춤을 추어야 했을까?

책의 서두에도 언급을 했지만 이 책은 세상 어떤 미디어나 메시지를 고발하기 위해서 쓰지 않았으며, 탁월한 분별력으로 문화코드와 메시지들을 분별하는 능력을 기르기 위해 쓰지도 않았다. 이 책은 성경의 미디어와 메시지를 통해 우리 자신을 바로 보고, 우리 앞에 놓인 많은 선택의 과정에 도움을 주기 위해 쓰여졌다. 성경을 중심으로 나타난 미디어와 메시지들을 알아가다 보면 메시지의 근본이신 하나님의 목소리를 알게 되고 또한 사람과 사탄의 목소리도 알게 될 것이기 때문이다. 자, 다시 성경으로 들어가 보자.

호렙 산에서 모세를 부르신 하나님께서는 모세에게 이집트에서 압제 당하는 이스라엘 백성을 이끌고 약속의 땅으로 떠나라고 명령하셨다. 그런데 문제가 생겼다. 일단 하나님이 이스라엘을 구원할 전능하신 분이라는 것을 몇 가지 기적과 사인을 통해 혼자 양치던 모세에게는 어떻게 확신시켰는데, 이집트에 있는 200만 명의 이스라엘 사람들에게 어떻게 설명한다는 말인가? 또 태양신의 보호를 받으며 스스로를 신이라 말하는 파라오에게는 뭐라 한다는 말인가? 미디안 광야에서 온 양치기의 말 한 마디로 당시 최고의 문명국인 이집트의 국가 운영 체제를 바꾸기란 불가능한 일이었다.

그래서 하나님께서는 특별한 열 통의 편지를 쓰셨다.

이스라엘 사람들에게는 400년간 부르짖어도 응답 없던 하나님이 진정 누구신가 알리셔야 했고, 애굽 사람들에게는 수백 개의 이집트 신들과 전혀 다를 것 없어 보이는 이스라엘의 하나님이 누구신지 알리셔야 했기 때문이다. 그래서 하나님께서는 열 통의 편지를 쓰셨다. 그런데 놀랍게도 편지의 수취인이 이집트문명 전체를 잡고 있는 열 명의 이집트 신들이었다.

내가 그 밤에 애굽 땅에 두루 다니며 사람이나 짐승을 막론하고 애굽 땅에 있는 모든 처음 난 것을 다 치고 애굽의 모든 신을 내가 심판하리라 나는 여호와라(출 12:12).

열 통의 편지는 사실상 공포의 살생부였는데, 하나님의 미디어 모세를 통해 하나씩 배달될 때마다 메시지를 받아들인 신들은 모든 사람들 앞에서 차례차례 박살 나게 되었고 사람들은 하나님이 누구신지 점점 더 알아가게 되었다.

1. 피의 재앙: 나일 강의 수호신 크눔Khnum

이집트인들이 생명의 근원으로 섬기던 나일 강에 내려진 재앙이다. 크눔은 나일 강의 수호신으로 강을 지키고 물고기를 보호한다고 알려졌으나 벌을 받아 피를 쏟아서 물고기를 보호하기는커녕 모든 수중생물이 피 때문에 죽게 되었다. 생명의 수호자는 크눔이 아니라 하나님이심을 알리는 메시지였다.

2. 개구리 재앙: 개구리신 헥트Hekt

나일 강의 주기적인 범람으로 대지는 풍부한 수분을 공급받고 비옥했다. 강 주변에 많은 개구리는 이집트인들에게 신성시 되었다. 이집트인들은 개구리 머리를 가진 여성의 우상을 만들어 풍요와 다산의 신 헥트라고 부르며 숭배했다. 그 풍요의 상징이었던 개구리가 수많은 시체더미가 되어 썩어 갔다. 개구리신의 허구가 폭로되었다.

3. 이의 재앙 : 땅의 신 셉Sep

흙으로 사람을 창조하신 분은 하나님이신데, 사람들은 흙의 신이 땅을 지배한다고 믿고 숭배했다. 그들이 신성시 하는 흙의 신은 그들을 이의 고통에서 구하지 못한다.

4. 파리의 재앙 : 파리신 핫콕Hatkok

해가 보이지 않을 만큼 많은 파리들을 보내셔서, 파리를 막아준다고 믿었던 파리신의 거짓 실체를 보이셨다. 하나님을 대적하면 재난과 괴로움이 닥친다.

5. 생축의 죽음 : 하토르Hathor, 아피스Apis

가축들은 중요한 운송수단이자 재산이었다. 암소 모양 다산의 여신 하토르와 신성한 황소신 아피스 또한 무능한 사기꾼들임이 드러났다.

6. 독종의 재앙 : 질병수호신 타이폰Typhon, 의술의 신 임호텝Imhotep

이집트인들의 온몸에 독종과 종기가 발생했으나 그들이 섬기는 마술과 치료의 신들은 아무것도 할 수 없었다. 재앙은 하늘의 하나님께서 보내셨다.

7. 우박의 재앙 : 하늘여신 누트Nut, 기후의 신 슈Shu

우박 재앙으로 농작물과 가축들이 모두 파괴되어도 하늘여신 누트와 기후의 신은 아무것도 할 수 없었다.

8. 메뚜기 재앙 : 곡물수호신 셋Seth

메뚜기 떼가 구름같이 농작물을 덮쳐 모든 것을 갉아먹어도 그들의 곡물수호신은 아무것도 못하는 우상이었다. 하나님의 심판에는 남아나는 것이 없다.

9. 흑암의 재앙 : 태양신 라Ra

이집트 최고의 신이며 땅에 빛과 온기를 가져다 준다고 믿었던 태양신이 거짓임이 밝혀졌다. 하나님만이 빛의 주관자이시다.

10. 장자의 죽음 : 생명수호신 이시스Isis, 생명부여신 오시리스Osiris

마지막 재앙은 애굽 신들의 대리자를 자청하며 생명을 주는 신 오시리스와 최고태양신 라의 화신으로 군림하는 파라오를 치는 재앙이었다. 그는 자기 아들의 죽음도 막지 못하는 무능한 인간에 불과함이 드러나게 되었다. 생명의 주관자는 이집트 신들이 아니라 여호와 하나님이시다.

이처럼 세상 신들에게는 열 통의 편지가 재앙과 종말의 살생부였지만, 하나님의 사람들에게는 원수를 갚아 주시는 하나님이 보내신 긍휼과 사랑을 전달하는 러브레터였다. 최근 들어 세계적인 경기 침체 소식들과 중동전쟁의 소문들, 베리칩에 관한 무수한 논쟁들이 여러 미디어에 오르내리며 사람들에게 두려움을 심는 것을 본다. 우리가 명심해야 할 것은 위에서 살펴본 바와 같이 세상의 종말과 마지막을 알리는 계시록의 징조들이 우리에게는 두려움의 이유가 될 수 없다. 날마다 우편함을 뒤지며 기다렸던 신랑이 오신다는 기쁨의 메시지이기 때문이다.

하나님께서는 원소스 멀티유즈one source multi-use의 원리를 사용하셔서, 편지 하나하나가 세상 신들에게는 처참한 살생부가 되게 하시고, 하나님의 백성들에게는 수백 년을 고대하고 기다리던 사랑 가득한 러브레터가 되게 하셨다.

약속

오늘날 많은 문서와 계약들이 다양한 미디어를 통하여 온라인 상에서 이루어진다. 각국의 정상들도 전화를 통해서 소통을 한다. 중요한 국제적인 협의와 사업협약도 인터넷을 이용한 화상으로 진행하는 경우가 점점 증가하고 있다. 그러나 어떤 사항들은 결코 원거리에서 미디어를 사용하여 처리할 수 없는 계약이 있다. 상대방과 직접 만나지 않으면 이루어질 수 없는 중요한 약속들이 있다. 예를 들면 결혼식 말이다.

이스라엘 사람들을 이집트에서 탈출시켜서 홍해를 건너게 하신 하나님께서 이스라엘을 위한 특별 이벤트를 광야 한복판 시내 산에 준비하셨다. 너무나 중요해서 천사들도 선지자들도 감히 운반하지 못하고, 하나님께서 친히 시내 산 위에 내려오셔서 직접 글로 쓰신 메시지는 신랑과 신부가 결혼서약을 하듯이 이스라엘은 하나님의 백성이 되고 하나님은 이스라엘의 하나님이 되시겠다는 가장 거룩한 서약이었다.

하나님과 이스라엘 사이의 영원한 사랑 약속, 이토록 특별하고 아름다운 순간을 영원히 추억하시려고 서약의 순간에 함께 서 있던 시내 산의 거친 돌에 새겨 이스라엘 손에 주셨다. 영원히 잊지 말자고.

십계명은 엄중한 규범의 돌판이 아니라 혼인서약을 담은 사랑의 결혼반지였다. 하나님과 이스라엘의 영원한 추억의 조각이었다.

성경을 보면 화려한 문명의 도시보다는 거친 광야에서 하나님의 메시지가 많이 전달되었다. 모세도 미디안 광야에서 하나님의 메시지를 받았고, 세례 요한은 빈들에 머물며 하나님을 만났다. 하나님의 아들 예수께서도 성령에 이끌리어 유대광야에서 시험을 당하셨다.

하나님께서는 인간의 욕망이 가득한 복잡한 도시보다는 거칠지만 사람의 손이 닿지 않은 단순한 광야를 좋아하시나 보다. 그래서인지 하나님께서는 문명과 이기의 도시에 빠져 버린 하나님의 사람들을 세속의 도시에서 빠져 나오게 하신 후에 광야로 보내신다. 어떤 사람들은 질병의 광야에, 어떤 사람들은 경제적 파산의 광야에, 또 어떤 이들은 결혼 실패의 광야로 들어간다. 복잡한 생각과 거추장스러운 소유물들은 거친 바람에 모두 날아가는 곳, 관계의 상처 때문에 몸과 마음에 온통 번져 버린 독한 종기들이 태양의 열기에 모두 타버리는 곳, 첫사랑의 감격 외에는 아무것도 남아나지 않는 시내 산 붉은 광야.

광야에서 우리는 하나님의 숨소리를 듣고, 하나님의 체온을 느끼게 된다. 하나님과의 약속을 기억하고 다시 하나님을 사랑할 수 있도록 말이다.

오늘날까지 전해지는 3,500년 전 아이패드, 십계명 돌판에는 하나님과 사람들의 사랑의 약속이 담겨 있다.

여호와께서 말씀하시되 오라 우리가 서로 변론하자 너희의 죄가 주홍 같을지라도 눈과 같이 희어질 것이요 진홍 같이 붉을지라도 양털 같이 희게 되리라(사 1:18).

오라 우리가 여호와의 산에 올라가서 야곱의 하나님의 전에 이르자 그가 그의 도를 가지고 우리에게 가르치실 것이니라 우리가 그의 길로 행하리라 하리니 이는 율법이 시온에서부터 나올 것이요 여호와의 말씀이 예루살렘에서부터 나올 것임이라(미 4:2).

예술가들에게 성령 강림이

신약성경 사도행전에는 성령강림의 사건이 나온다. 예수님께서 약속하신 보혜사 성령이 마가의 다락방에 모여 기도하던 사람들 위에 임하신 것이다.

"오직 성령이 너희에게 임하시면 너희가 권능을 받고 예루살렘과 온 유대와 사마리아와 땅끝까지 이르러 내 증인이 되리라"(행 1:8). 먼저 하나님의 메시지 성령을 받아야 비로소 하나님이 원하시는 미디어 "증인"이 되어 하나님의 메시지 예수를 세상에 전달할 수 있다.

구약의 예언자들은 보통 한 사람이 하나님께 부름 받고 메시지를 받았다. 그에 비해 마가 다랑방에서는 120명이 한꺼번에 한 자리에서 성령 메시지를 받았다. 온 세상에 복음을 전하는 것은 혼자 감당하기에 너무 힘들기에 많은 사람에게 한꺼번에 성령을 보내신 것일까? 어떤 일들은 한 사람에게 사명을 주시고 감당하게 하시지만, 어떤 일들은 협력해서 선을 이루도록 하셨다. 예를 들면 교회를 이루는 것 말이다.

창세 이후로 수많은 예언자와 선지자들이 핍박 받고 죽고, 하나님의 아들이 직접 내려와 "엘리 엘리 라마 사박다니"를 부르짖으며 십자가에 달렸다. 도대체 이 사건과 모든 메시지들은 무엇을 위한 것이란 말인가?

예수님이 자신의 몸이라고 불렀던 교회는 성경의 모든 메시지의 완성이었다. 모든 사람들이 하나님의 영과 말씀으로 가득한 공동체를 이루어 영원토록 하나님을 예배하는 천국의 유일한 모형이 교회이기 때문이다.

신약뿐 아니라 구약에서도 어떤 무리들에게 한꺼번에 성령강림의 사건이 있었다.

이집트에서 노예로 살다가 모세를 따라 탈출한 고대 이스라엘 사람들은 글도 잘 모르는 무지한 상태였다. 이들에게 하나님의 말씀을 가르치기 위해 특별한 미디어가 제작된다.

보고 만지고 실습할 수 있는 움직이는 성경 "성막"이었다.

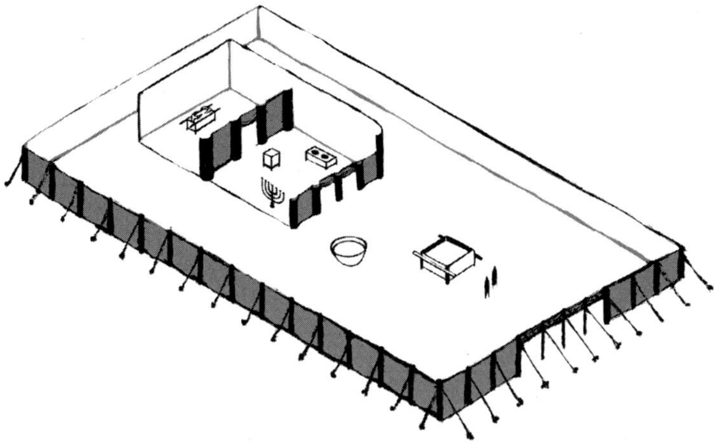

성막의 구조

울타리 - 길이 50미터, 넓이 25미터, 높이2.5미터의 세마포 울타리가 있었다.

하나님의 백성과 세상사람을 구분했다.

동쪽에 하나의 문 - 오직 하나뿐인 구원의 문인 예수를 통해 들어온다.

번제단 - 먼저 죄 용서함을 받고

물두멍 - 손, 발을 씻어 정결함을 갖게 된다.

성소 - 진설병 - 생명의 빵, 살아 있는 빵 예수

등대 - 세상의 빛 예수

분향단 - 1년에 한 번 속죄예식을 하는 대제사장, 중보자 예수를 상징한다.

휘장 - 성소와 지성소 사이의 휘장은 죄로 인해 갈라진 하나님과 사람 사이의 경계다.

지성소 - 법궤 안에는 십계명, 만나 담은 항아리, 아론의 싹 난 지팡이가 있다.

이처럼 하나님의 마음이 담긴 성막을 만들기 위해서는 하나님의 지혜와 재능이 있어야 가능했다. 하나님께서는 유다 지파 브살렐과 단 지파 오홀리압을 택하셔서 하나님의 신. 즉 성령이 충만하게 하셨다. 또한 그들과 함께한 많은 아티스트들에게 동일한 감동을 주셔서 동역하게 하셨다. 그들이 하나님의 재능으로 만든 것은 시각화된 하나님의 말씀이었으며, 목적은 교회 공동체인 이스라엘 백성이 하나님을 배우고 예배하기 위함이었다.

하나님께서는 오늘날에도 다양한 예술가들에게 동일한 성령의 감동을 주신다. 성막을 만들던 때와 같이 지금도 예술가들의 재능은 말씀 메시지를 전달하는 것에 사용되어져야 하고, 풍성한 교회를 이루어 가는 재료가 되어야 한다. 그러기 위해서는 먼저 예술가들이 말씀을 배워 깨닫고 하나님을 알아야 한다.

최근에 새로 밝혀진 시내 산의 위치는 현재 사우디 지역인 미디안 땅으로 알려져 있고, 미디안 땅에서 광야를 전전하던 이스라엘 사람들이 만든 수많은 유적들이 발견되었다. 그 중에 아주 인상적인 것은 돌들로 이루어진 거대한 그림들이었다. 200-300미터 이상이 되는 70여 개 정도의 그림들은 너무 커서 위성 사진에서만 큰 윤곽을 볼 수 있다. 가까이에서 보면 작은 돌담 정도로 보이는 그림들. 그 70여 개의 그림은 모두 같은 형태였는데, 그것은 하나님의 말씀인 토라가 쓰여진 두루마리의 형상이었다.

사사기의 포스트모더니즘

현대사회의 대표적인 문화코드 "포스트모더니즘postmodernism"의 핵심은 "개성, 자율성, 다양성, 대중성을 중시하며 절대이념을 거부하는 것"이다. 포스트모더니즘을 낳았던 서구 근대 모던시대는 18세기 계몽주의에서 시작되는 이성중심주의 시대, 즉 "종교나 외적인 힘보다는 인간 이성에 대한 믿음을 강조" 하는 것에서부터 출발했다.

사람들은 다양하고 자유로운 삶의 양식을 선택하며 살아가기를 원하고, 규칙과 규범은 공산주의에서의 실패한 시도 정도의 낡은 유물로 여긴다. 인간 중심으로, 나 중심으로 모든 것을 바라보기 시작한 것이다. 포용과 관용, 통합이라는 단어가 고차원적이고 바람직한 개념으로 인식되고 "절대 진리"라는 표현은 촌스럽고 구식적인 것이 되어 버렸다. 즉 자기 마음대로, 하고 싶은 대로 하고 사는 것이 문화의 가치가 되는 것이다.

날마다 새로운 의견들과 주장들이 나타나고, 다양한 미디어를 통해 확성기처럼 꾸준히 주장들을 외쳐서 법률마저 바꾸어 간다. 그렇게 바뀐 법들은 전통적으로 지켜왔던 도덕과 윤리를 희생시키면서 자유라는 이름으로 무분별들을 가져왔다. 북미의 여러 지역에서는 성직자가 동성애를 죄라고 설교하면 혐오방지법 위반으로 처벌을 받는 현실에 다달았다.

어떻게 그토록 위대한 하나님의 명령이 이렇게 도전 받고 외면당하게 된 것일까? 도시에 즐비한 십자가 건물들이 무색하게 말씀의 기근이 온 땅을 뒤덮는 이유는 무엇일까?

3,500년 전에도 오늘날과 무척 흡사한 시대가 있었다. 구약의 사사기에는 포스트모더니즘을 명확히 표현하는 문장이 있다. "그때에 이스라엘에 왕이 없으므로 사람이 각기 자기의 소견에 옳은 대로 행하였더라"(삿 21:25). 왕이신 하나님의 말씀이 없어서 사람이 자기 마음대로 행한다는 것이다. 왕이신 하나님의 말씀이 왜 없어져 버린 것일까?

시내 산에서 하나님과 그토록 아름다운 약속을 한 것이 모세의 때였다. 하나님께서 언약과 추억의 조각 십계명도 만들어 주시고 체험하는 성경 성막도 만들어 주셨다. 그런데 모세와 모세의 후계자 여호수아를 지나자 바로 캄캄한 영적인 암흑기인 사사시대로 들어간 것이다. 모세와 여호수아의 시대를 지나면서 어떤 일들이 있었던 것일까?

모세는 시내 산에서 맺은 하나님과 이스라엘의 약속을 "레위기"에 모두 기록했다. 레위기에는 이스라엘 사람들이 하나님의 백성으로서 지키기로 약속한 사항들이 있었다. 세상 미디어와 메시지에 물들어 하나님을 잊지 않고 세상과 구별되는 거룩한 삶을 유지하게 하기 위한 사랑의 약속이었다.

여호와께서 두 돌판을 내게 주셨나니 그 돌판의 글은 하나님이 손으로 기록하신 것이요 너희의 총회 날에 여호와께서 산상 불 가운데서 너희에게 이르신 모든 말씀이니라(신 9:10).

특별히 모세는 이 약속을 기록한 "레위기"를 제사장들과 민족의 지도자들에게 주고 반드시 7년에 한 번씩 모든 이스라엘 사람들 앞에서 낭독해서 모두가 듣게 하라고 했다.

또 모세가 이 율법을 써서 여호와의 언약궤를 메는 레위 자손 제사장들과 이스라엘 모든 장로에게 주고 그들에게 명하여 이르기를, 매 칠 년 끝 해 곧 면제년의 초막절에 온 이스라엘이 네 하나님 여호와 앞 그가 택하신 곳에 모일 때에 이 율법을 낭독하여 온 이스라엘에게 듣게 할지니 곧 백성의 남녀와 어린이와 네 성읍 안에 거류하는 타국인을 모으고 그들에게 듣고 배우고 네 하나님 여호와를 경외하며 이 율법의 모든 말씀을 지켜 행하게 하고 또 너희가 요단을 건너가서 차지할 땅에 거주할 동안에 이 말씀을 알지 못하는 그들의 자녀에게 듣고 네 하나님 여호와 경외하기를 배우게 할지니라(신 31:9-13).

그러나 모세의 후계자 여호수아조차도 모세의 말을 따르지 않았다. 모세 이후로는 하나님 말씀을 낭독했다거나 가르쳤다는 기록이 없다. 하나님을 직접 경험한 여호수아의 세대가 죽자 바로 사사기의 시대로 돌입한다. 얼마나 하나님 말씀을 잊어버리고 살았는지 여러 대가 지나 요시아 왕 시대에 대제사장 힐기야가 성전을 수리하다가 율법 책을 발견했다는 보고를 하는 것이 나온다. 항상 율법을 가르쳐야 할 제사장 중에 대제사장이 몇백 년 동안 율법책의 존재를 까맣게 잊어버리고 살다가 우연히 "발견"했다는 것이다.

하나님께서는 이집트의 거짓 신들과 같이 가나안의 거짓 신들 또한 그 땅에서 속임수로 사람들 위에 군림하고 있음을 아셨다. 가나안의 악한 문화의 미디어와 메시지로 이스라엘을 속이려 할 것도 아셨다. 그래서 약속의 기록 "레위기"를 좀 더 쉽게 설명한 "신명기"에서 구체적으로 행할 바를 더 자세히 설명하셨다.

너는 마음을 다하고 뜻을 다하고 힘을 다하여 네 하나님 여호와를 사랑하라. 오늘 내가 네게 명하는 이 말씀을 너는 마음에 새기고 네 자녀에게 부지런히 가르치며 집에 앉았을 때에든지 길을 갈 때에든지 누워 있을 때에든지 일어날 때에든지 이 말씀을 강론할 것이며 너는 또 그것을 네 손목에 매어 기호를 삼으며 네 미간에 붙여 표로 삼고 또 네 집 문설주와 바깥 문에 기록할지니라(신 6:5-9).

하나님을 사랑하는 것이 약속을 지키는 것이며, 이 약속의 기록을 명심하고 자녀에게 부지런히 가르치라고 강조하셨다. 심지어 집안에 있든지 밖에서 길을 걸어가든지 누워 있거나 일어날 때에도 하나님과의 약속을 가르치라고 하셨다. 성경에도 믿음은 들음에서 난다고 했듯이, 사람은 보고 듣는 것을 배우게 되고 배운 대로 행동하게 마련이다. 이스라엘이 하나님의 말씀을 보고 들으면 하나님 뜻대로 행동할 것이고 악한 미디어에서 나오는 메시지를 보고 들으면 악을 행하게 될 것이었다.

하나님께서는 심지어 "약속"의 내용을 가지고 찬양을 만들어 불러 하나님 앞에서 사람들이 부인하지 못하는 증거가 되게 하라는 말씀도 하신다.

> 그러므로 이제 너희는 이 노래를 써서 이스라엘 자손들에게 가르쳐 그들의 입으로 부르게 하여 이 노래로 나를 위하여 이스라엘 자손들에게 증거가 되게 하라(신 31:19-22).

이렇게 모든 예술과 미디어들의 본래 목적은 하나님의 말씀을 표현함으로 하나님 사랑하기로 했던 약속을 잊지 않게 하려는 것이었다. 우리가 날마다 말씀을 삶에서 행하고 표현하며 또한 자녀들에게 가르치지 않으면, 말씀의 기근 시대인 사사기의 포스트모더니즘으로 들어가게 됨을 성경은 말하고 있다.

시공감각 예배

사람의 언어는 표현력이 풍부하지만 동시에 대단히 제한적이기도 하다. 사람이 가진 모든 감정을 언어로만 표현하는 것은 불가능하다는 말이다. 그래서 우리는 언어 외에도 얼굴 표정과 몸짓을 사용해 가며 최선을 다해 순간의 진심을 전달한다.

예술가들은 언어로만 표현하기 힘든 것을 색으로, 소리로, 맛으로, 행위로 표현하려고 노력한다. 이때 필요한 것이 시공감각이다. 쉽게 예를 들어 설명하자면 띠리리리 하고 전화벨이 울리면 마름모꼴 모양이 줄지어 허공에 지나가는 것을 연상해서 보는 것이다. 공화당이라는 단어에서 복숭아 맛을 느낀다든지, 라디오 진행자의 목소리에서 재스민 향을 맡는 것이다. 이처럼 우리가 가진 오감을 교차해서 공감할 수 있는 감각들을 찾아내어 느끼고 표현하는 것이 시공감각 능력이다. 맛은 더 이상 맛에만 머물지 않고 멋이 될 수 있고, 멋은 보이는 멋이 아닌 나른한 오후를 깨우며 거리를 흐르는 감미로운 목소리가 되는 것이다.

오늘도 열심히 찬양연습을 하는 아내를 보면서 문득 영원히 계속되는 천국의 예배를 떠올렸다. 천국에서는 음치이고 몸치인 나도 아내와 함께 시공감각 능력으로 찬양에 동참할 수 있지 않을까? 과연 천국에서 사람들은 어떤 예배를 드리는 것일까? 그런데 이미 3,000년 전에 시공감각 예배를 드린 사람이 있었다. 한 사람의 예배에 은하계와 우주공간들이 동참했던 기록이 있으니, 그것은 세상 모든 예술가들의 시편인 시편 19편이다.

하늘이 하나님의 영광을 선포하고 궁창이 그의 손으로 하신 일을 나타내는도다(시 19:1).

각종 영문성경에는 하늘을 "The heavens"로 표현하고 있다. 복수인 것으로 보아 하나님이 계시는 천국이 아니라 여러 우주들인 것으로 보인다. 우리가 규모도 알 수 없는 광대한 많은 우주들이 그들보다 크신 하나님의 영광을 장엄하게 선포하면서 예배가 시작된다. 다윗은 상상조차 할 수 없는 우주들의 거대한 스피커에서 영광의 선포를 들었다. 궁창은 영문성경에서 "skies"로 되어 있다. 이 또한 복수인데 우리 눈에 보이는 변화무쌍하고 아름다운 공중의 하늘을 말하는 것 같다.

내가 10년간 게임회사에서 일해 오면서 주요 업무 중에 하나가 가상공간 속의 하늘을 만드는 것이었다. 워낙에 하늘 그리는 것을 좋아해서 맑은 하늘, 폭풍구름 가득한 하늘, 노을이 있는 하늘 등 수십 개의 하늘을 그리고 만들었는데 하늘 사진 자료를 보고 만들 때마다 너무 아름다워서 황홀해 하던 기억이 난다. 오색 찬란한 하늘을 매일 보면서 하나님의 존재를 의심한다는 것이 믿어지지 않을 정도였다. 하늘의 색감과 움직이는 구름의 흐름을 보면서 다윗은 창조주 하나님의 붓 자국을 본 것이다. 요즘 유행하는 3D, 4D 극장의 첨단 음향 스피커 소리와 화면 스크린의 크기가 점점 커지고 있다지만, 우주공간의 스피커의 울림과 창공의 하늘만큼 큰 화면에 비교할 수 있을까? 우주들이 쏟아내는 영광의 선포를 홀로 들으면서 하늘 가득 번지는 하나님의 물감들을 홀로 바라보면서 하나님의 사람 다윗의 예배가 시작된다.

> 날은 날에게 말하고 밤은 밤에게 지식을 전하니
> 언어도 없고 말씀도 없으며 들리는 소리도 없으나 그의 소리가 온 땅에 통하고
> 그의 말씀이 세상 끝까지 이르도다(시 19:2-4상).

가끔 "나무가 나무에게 혹은 참새가 참새에게 이야기를 한다"라는 동화적인 표현은 본 적이 있지만, 위의 표현처럼 시간과 공간이 서로에게 말을 하고 지식을 전한다는 표현은 한 번도 들어 본 적이 없다. 더군다나 언어도 없고 소리조차 없는데 그 말이 온 지구에 전달되어 땅끝까지 이른다는 것이다. 천지가 창조되고 낮과 밤이 시작된 이후로 날마다 변하는 일출과 석양의 시간을 보면서 다윗은 아침시간이 하나님의 이야기를 속삭이며 하루를 시작하고, 저녁시간은 하나님의 이야기를 들으며 밤을 시작함을 보았다. 시간과 공간

이 듣고 말하며 끝없이 하나님 이야기를 하고 있고 그 들리지 않는 메아리가 온 세상 끝까지 울린다는 것이다.

> 하나님이 해를 위하여 하늘에 장막을 베푸셨도다
> 해는 그의 신방에서 나오는 신랑과 같고 그의 길을 달리기 기뻐하는 장사 같아서
> 하늘 이 끝에서 나와서 하늘 저 끝까지 운행함이여 그의 열기에서 피할 자 없도다…
> (시 19:4하-6).

그리고 갑자기 태양의 강력한 찬양이 시작된다.

태양은 지구의 109배 크기의 불타는 항성으로 표면온도는 6000도, 중심온도는 1500만 도에 이른다. 내부는 핵융합 반응으로 계속해서 엄청난 폭발이 일어나고, 표면 근처에서는 수소의 끊임없는 폭발로 인해 불타고 있다. 표면의 폭발 시에 일어나는 태양폭풍은 수소폭탄 1억 개의 위력을 지녔다. 이토록 강력한 태양이 하루도 쉬지 않고 멈추지 않는 열정으로 자기 몸을 불태우며 지구를 포함한 태양계의 모든 별들에게 생명과 빛의 노래를 흘러 보낸다. 숨을 곳 없는 벌판에서 만나는 피할 수 없는 소나기처럼 자전과 공전을 하는 모든 별들의 구석구석을 숨지 못하게 비추며 쏟아지는 그 강렬한 빛은 예배자가 결코 숨거나 피할 수 없는 은혜의 찬양소리였다. 하나님을 기뻐하면서 춤추고 뛰며 노래하던 다윗처럼, 태양은 하늘을 달리며 예배의 공간을 빛과 열기로 뒤덮는 은혜의 노래였다.

> 여호와의 율법은 완전하여 영혼을 소성시키시며 여호와의 증거는 확실하여 우둔한 자를 지혜롭게 하며 여호와의 교훈은 정직하여 마음을 기쁘게 하고 여호와의 계명은 순결하여 눈을 밝게 하

시도다. 여호와를 경외하는 도는 정결하여 영원까지 이르고 여호와의 법도 진실하여 다 의로우니 금 곧 많은 순금보다 더 사모할 것이며 꿀과 송이꿀보다 더 달도다(시 19:7-10).

예배의 절정에 이르러 예배자는 시간과 공간과 하늘들과 태양이 경배하는 창조주를 직접 말씀을 통하여 대면하게 된다. 다윗은 성령의 조명하심으로 창조주가 말씀 가운데 계시며 말씀이 곧 하나님이심을 깨닫고 예배의 지성소인 말씀 속으로 들어간다. 생명과 영혼의 근본이시며, 지혜의 근본이시며, 기쁨의 근본이시고, 모든 진리의 근본이며, 진실하시고 선하시고 의로우신 하나님의 말씀에 깊이 감동되어 하나님을 아는 거룩한 지식으로 충만하게 된다. 그리고 거룩한 만족과 기쁨을 경험한다.

또 주의 종이 이것으로 경고를 받고 이것을 지킴으로 상이 크니이다. 자기 허물을 능히 깨달을 자 누구리요 나를 숨은 허물에서 벗어나게 하소서.

또 주의 종에게 고의로 죄를 짓지 말게 하사 그 죄가 나를 주장하지 못하게 하소서. 그리하면 내가 정직하여 큰 죄과에서 벗어나겠나이다(시 19:11-13).

어떠한 죄도 적나라하게 드러나는 말씀 앞에 선 예배자는 이제 자신을 바라본다. 감당하기 힘든 은혜와 영광의 예배를 통해 말씀의 하나님을 경험한 예배자의 입에서 간절한 간구가 터져 나온다. 완전하신 하나님 앞에 서기에는 너무나 무력하고 부족한 자신의 모습을 바라보며 자신의 의지로는 죄를 짓지 않을 자신도 없으리만큼 연약하므로 긍휼히 여기시고 반복되는 죄를 짓지 않도록 붙잡아 주시기를 기도한다.

나의 반석이시요 나의 구속자이신 여호와여 내 입의 말과 마음의 묵상이 주님 앞에 열납되기를 원하나이다(시 19:14).

예배자가 가장 두려워하는 것은 죄가 아니라 하나님 앞에 예배자로 서지 못하게 되는 것이다. 예배자는 온 세상이 멈추지 않고 예배하는 분이 바로 자신을 구원하신 하나님이심을 깨닫고, 이제 삶의 모든 순간이 온전한 예배가 되기를 간절히 기도한다. 태양에서 나오는 태양폭풍의 노래처럼 예배자의 입에서 나오는 모든 말이 찬양이 되어 하나님이 받으시기를 간구하고, 우주공간의 선포처럼 하나님 말씀의 선포와 묵상으로 가득 찬 예배자의 마음을 하나님께서 받으시기를 간절히 간구하며 예배를 마친다.

사실 다윗의 예배는 시공감각을 뛰어넘는 예배였다. 시공감각은 사람의 오감에 기초한 감각들의 표현이지만, 다윗의 예배는 육체의 오감을 넘어선 영혼의 감각을 성령께서 허락하셨기에 가능한 것이었다. 엄밀히 말하자면 다윗의 예배는 천국의 예배인 영공감각 예배라고 생각한다. 육체는 오감을 가지고 있지만 우리가 부활하여 창조의 원형대로 완전한 영혼의 감각들을 회복하면 1,000개의 영감각들이 깨어날 것이고 완벽한 예배가 시작될 것이다.

그러나 지금 내 부족한 영성으로는 감히 그 스케일과 깊이와 표현들을 가늠할 수 없기에 내가 느끼고 알 수 있는 한계에 도달하는 곳까지 시공감각의 거울로 다윗의 예배를 비추어 보는 것으로 천국의 예배를 희미하게 그려볼 뿐이다.

성경의 재료

교회 청년부에서 크리스천의 이성관에 관하여 강의를 해 달라는 부탁을 받고 참 난감했다. 물론 내가 그들보다 먼저 결혼해서 아이도 둘 있고, 몇 가지 경험이 더 있는 것은 사실이나, 연애나 사랑의 기술에 관해서는 대단히 우매한 사람에 틀림없기 때문이다. 결혼기념일조차 자주 혼동할 정도이니 말이다. 여성심리를 꿰뚫어 본다거나 세상에 유행하는 특별한 이성관계의 팁들을 조언해 주기를 바랄 텐데, 난 전혀 그쪽으로 아는 것이 없었다. 연애와 결혼을 앞에 둔 청년들은 그들을 도와줄 참고서나 교과서를 강력히 원하고 있었다. 대학입시와 같이 중요한 일을 대비해서는 매월 수백만 원의 비용을 투자하며 몇 년간 과외를 받는데 입시보다 더 중요한 연애와 결혼에 관해서는 무책임하리 만큼 준비를 하지 않는 것이 우리의 모습은 아닐까 하는 생각이 들었다.

특별한 정석이 없는 오늘날 우리의 연애 교과서 자리는 대중미디어가 차지하고 있다. TV드라마는 세련된 영상과 감미로운 분위기 속에서 주고받는 자극적인 상처의 대화들로 가득하다. 아이폰이나 MP3 기기들을 통해 듣는 음악의 90퍼센트 이상은 이성관계의 상처에 관한 노래들이다. 사람들은 대중미디어를 보면서 등장인물들에 자신을 대입해 보며 그들의 대화와 반응에 울고 웃는 가상체험 학습을 한다.

그런데 문제는 '대중미디어 학습이 과연 신뢰할 만한가'이다. 드라마는 "작가언니"에 의해서 기획되고 만들어진다. "작가언니"는 드라마 안에서 하나님과 같은 권력을 가진다. 자신이 원하는 대로 상황과 배경을 설정하고 등장인물들의 관계와 성향 또한 결정한다. 그리고 대부분의 여자 주인공들에게는 "작가언니" 자신의 모습을 투영시켜 넣는다. 보통 드라마에는 평범한 배경을 가진 특별히 잘하는 것이 없는 여주인공이 나온다. 아주 예쁘진 않지만 나름대로 매력 있고, 대단한 능력을 가지진 않았지만 자기 일에 성실하고, 위대한 리더십이 있는 것은 아니지만 주위 사람들과 원만하게 지내고, 작은 일에 감동하는 감수성과 사소한 자신의 실수에 안타까워하는 감성소녀가 나온다. 주인공 소녀의 상대남으로는 준수한 외모에, 좋은 집안, 대단한 능력자이나 아직 철이 들지 않은 멋진 남자가 나와서 자신을 철들게 해 줄 감성소녀를 애타게 기다리거나 찾는다. 그리고 마지막으로 모든 면에서 아주 좋은 조건을 가지고 있고 예쁘지만 나쁜 소녀가 나온다. 왜 나쁜지 이유는 모르지만 범사에 생각과 행동과 말투가 무조건 나쁜 소녀이다. 이 소녀의 존재 이유는 평범한 주인공 감성소녀와 멋진 남자를 갈라지게 하는 것뿐이다. 왜 이런 설정이 나왔을까? 멋진 재벌집 남자들은 다 철이 없을까? 예쁜 소녀는 무조건 나쁜 사람일까? 과연 멋진 남자는 능력 있고 예쁜 소녀보다 평범한 중산층 감성소녀를 더 좋아할까? 해답은 "작가언니"에게 있다. 드라마는 "작가언니"의 마음을 투영한다. 작가는 대부분 평범한 외모의 중산층 여성이었을 것이고, 작가가 먼발치에서 짝사랑했던 준수한 외모의 능력 있는 남자가 있었는데 갑자기 자기보다 조건 좋은 예쁜 여자가 나타나서 남자를 가로채어 가 버린 경험을 했을 가능성이 크다. 드라마는 설정부터 작가의 왜곡된 시각과 상처를 재료로 만들어진다. 그 위에 상업성이라는 코드까지 더해져서 시청률을 높이기 위해 더 비틀어지고 자극적인 요소를 집어넣는다.

우리 주위의 많은 대중미디어들은 이와 같이 작가언니들의 작품들이다. 다양한 작곡가들, 영화제작자들, 연애소설이나 에세이 작가들, 미디어 콘텐츠 제작자들은 "작가언니"들이다. 대중미디어가 흥미 있는 재미의 요소는 될지언정 그것이 크리스천들의 삶의 방향을 제시하는 교과서가 될 수는 없다.

그렇다면 무엇이 가장 완벽한 교과서가 될까? 우리 부모님이나 가족들은 어떨까? 물론 그들이 우리를 사랑하는 것은 분명하지만 그들도 그들의 극히 주관적이고 때로는 치우친 시각으로 조언해 줄 것이 분명하다. 우리 가족이나 친구들조차도 "작가언니"의 모습을 가지고 있음을 부정할 수 없다.

어느 곳에서도 찾을 수 없는 우리 연애와 사랑의 교과서는 어디에 있을까? 그저 아무것도 믿지 않고, 내 경험만 의지해서 사랑하고 관계하면 될까? 내 경험은 확실히 신뢰할 수 있는 것일까? 수많은 의구심을 뒤로 하고 성경을 폈다. 성경이 하나님의 감동으로 만들어졌다는 것이 사실이라면 "작가언니"와 "상업성"의 영향력으로 만들어진 사람의 생각이 아닌 유일한 사랑의 교과서가 되지 않을까?

모든 성경은 하나님의 감동으로 된 것으로 교훈과 책망과 바르게 함과 의로 교육하기에 유익하니 이는 하나님의 사람으로 온전하게 하며 모든 선한 일을 행할 능력을 갖추게 하려 함이라(딤후 3:16-17).

위의 성경말씀이 사실이라면 망설일 것이 없다. 성경 속으로 들어가서 성경에 나타난 이성관계들에 관해서 살펴보기 시작했다. 많은 성경의 인물들이 다양한 방법으로 그들의 연애와 사랑을 완성해 가는 것을 발견했다. 그 중에서도 다윗은 가장 흥미로운 성경 연애 드라마 주인공 중 하나이다. 하나님의 감동으로 연출된 논픽션 성경드라마를 시청해 보도록 하자.

다윗은 하나님께서 "내 마음에 합한 자"라고 말씀하실 정도로 훌륭한 인물이었지만, 인간적인 그의 삶은 그리 행복하지 않았다. 다윗은 인생 전체가 이성의 사랑에 의한 상처로 가득 차 있었다. 행복한 시절이 있었는데 그것은 베들레헴 들판에서 양치는 목동이었을 때였다. 수금을 연주하며 노래 부르고 물맷돌 연습도 하면서 지냈던 낭만적인 추억의 시기였다. 그런데 선지자 사무엘이 와서 기름을 붓고 간 후부터 인생이 힘들어지기 시작했다. 형들에게 슬슬 미움을 받기 시작하더니, 골리앗을 때려눕힌 후 결정적으로 여자들의 노래 때문에 험난한 세월이 막을 올렸다. 여자들이 오빠부대를 만들어서 무심코 트위터에 도배해 버린 노래가 여론을 술렁이게 하고 통치 권력과 정부를 불편하게 했다.

여인들이 뛰놀며 노래하여 이르되 사울이 죽인 자는 천천이요 다윗은 만만이로다 한지라(삼상 18:7).

이 노래 때문에 사울 왕은 화가 나서 다윗을 10년간 죽이려고 쫓아다녔다. 그 와중에도 다윗은 평생을 잊지 못할 첫사랑의 여인 미갈을 만나 짧고 불 같이 강렬한 사랑을 했다. 정치적인 상황 때문에 안타깝게 헤어져야 했던 두 연인의 마음은 말로 다 못할 아쉬움으로 가득했다. 이 후로 남자는 평생 첫사랑을 마음에 품고 살았으나, 여자는 새로운 사랑을 찾아 다른 남자에게 떠나 버렸다.

사울을 피해 도망 다니는 유랑 생활에 접어들면서 다윗에게는 수백 명의 사회낙오자들과 그 가족들이 따라 붙었다. 정부군을 피해 게릴라 작전을 하면서 수백 명의 식솔을 먹여 살려야 하는 다윗에게는 낭만적인 사랑 따위를 즐길 여유가 없었다. 그저 날마다 목숨 걱정, 끼니 걱정을 하며 이 산에서 저 산으로 뛰어다녔다. 그나마 나이 많고 돈 많은 유부녀나 과부 여럿을 아내로 맞이하면서 재정적인 부담에서 숨통이 트이기 시작했다. 정치의 소용돌이 한 가운데서 막대한 부담감으로 통제하기 힘든 거친 무리를 이끌면서 경제적인 이유 때문에 정략결혼과 같은 관계들을 맺어갔던 것이다.

베들레헴 들판에서 노래하고 시 쓰기 좋아하던 감성소년 다윗은 잊지 못할 첫사랑 미갈을 가슴 한 켠에 묻어 둔 채, 혁명 지도자의 신분이 되어 생존을 위한 정치적인 선택을 해 간다. 그러나 그의 마음 한 켠에는 언젠가는 다시 찾을 첫사랑의 감동이 이 모든 애정결핍의 시간을 보상해 주리라는 기대가 있었다.

10년의 시간이 지나자 세상도 변했다. 끝나지 않을 것 같던 게릴라 생활에 빛이 비추었다. 도적떼 같은 소수의 무리들이 산전수전 다 겪으면서 주변 강대국들조차 두려워하는 최정예 전투부대가 되어 버렸고 지방정부들을 하나씩 접수하기 시작했다. 왕국 전체가 순조롭게 하나로 통일되는 절차로 들어서게 된 것이다. 다윗은 통일왕국의 대왕이 될 즈음에야 비로소 한숨을 돌리게 되었다. 그리고 그토록 마음에 담아 두었던 잊지 못할 첫사랑을 다시 찾아 나섰다. 그러나 첫사랑 미갈은 이미 다른 사람의 아내가 되어 있었다. 안타까운 현실이긴 하지만 따지고 보면 다윗도 부득이 아내가 여럿 있던 터였기에 지난날의 서로의 사정은 차차 이해하고 풀어가도록 하고 일단 만나면 모든 것이 해결되리라 믿었다. 그러나 사정이 만만치 않았다. 미갈은 현재의 남편과 행복한 삶을 살고 있었고, 강제로 현재의 남편과 자신을 갈라놓는 다윗을 증오하기 시작했다. 다윗의 명을 받은 군대장관 아브넬은 미갈을 다윗에게 데려간다. 미갈의 남편은 헤어지는 순간에도 울면서 계속 따라왔으나 아브넬이 강제로 돌려보냈다. 그렇게 해서 다윗은 첫사랑 미갈을 다시 만났다. 그러나 미갈을 드디어 만난 다윗은 자신이 꿈꾸던 첫사랑은 이제 더 이상 존재하지 않음을 깨닫게 된다. 미갈은 예전의 미갈이 아니었다. 세월이 지나자 사랑도 지나가 버린 것이었다. 중년에 접어든 다윗이지만 첫사랑의 기억 속에서 그는 여전히 노래와 낭만을 좋아하는 감성소년이었다. 사랑이 지나간 자리에 홀로 선 감성소년 다윗에게 들리는 것은 미갈의 비웃음 소리뿐이었다. 큰 상처를 입은 다윗은 이후로도 애정결핍에 시달렸다.

어느 날 다윗이 옥상을 거닐다가 미갈 비슷한 여자를 발견하고 폭풍 같은 첫사랑의 감정이 다시 일어나 그 여인과 동침하고 말았다. 그녀는 우리아의 아내 밧세바였다. 역시 유부녀였던 그녀를 빼앗기 위해 다윗은 우리아를 살해했다. 밧세바는 다윗의 아들 솔로몬을 낳았지만, 다윗의 말년을 보면 밧세바는 아들의 왕위계승에만 관심이 있을 뿐 다윗의 간병도 하지 않았다.

다윗의 마지막 여인은 아름다운 소녀 아비삭이었다. 다윗의 신하들이 기력이 약해지는 왕의 몸을 따뜻하게 하기 위해 구해 온 소녀였는데, 다윗은 그 소녀와 동침하지 않았다. 자신의 애정결핍이 여자로 해결되지 않는다는 것을 죽을 때가 다가와서야 깨달은 것이다.

결국 어떠한 방법으로도 채워지지 않는 애정과 사랑의 결핍 때문에 상해 버린 심령을 가지고 다윗은 하나님 앞으로 가서 예배의 자리에 쏟아 놓았다. 그러자 하나님께서는 진실한 예배자의 상한 심령을 가지고 천국의 진주문보다 하늘의 별보다 더 아름다운 것을 만드셨다. 그것은 영원하신 하나님의 말씀이다.

성경은 수많은 인물들의 사랑 이야기와 그들의 상처로 가득 차 있다. 어떤 이들은 쾌락을 사랑하고, 어떤 이들은 돈과 권력을, 또 어떤 이들은 이성을 사랑한다. 그리고 그 사랑들 때문에 아픔과 상처를 남긴다.

다윗은 골리앗을 죽인 후에 다윗에 관한 노래들 만들어 불렀던 여자들 때문에, 첫사랑 미갈 때문에, 우리야의 아내 밧세바 때문에 기타 여러 여인들 때문에 상처를 받았다. 그리고 그 여인들도 다윗 때문에 상처를 받았다. 다윗은 인생의 고비고비마다 여인들을 만났고 아픔을 경험했다. 그러나 다윗에게 기름 부으시고 다윗을 깊이 사랑하셨던 하나님께서도 다윗 때문에 상처를 받으셨다. 하나님보다 여자들을 더 사랑했던 다윗에게 상처를 받으셨고, 하나님보다 왕국의 군대규모를 의지하려 했던 다윗에게 상처 받으셨다. 육체의 병으로 죽어가는 아들의 모습에 괴로워하는 다윗이 영혼의 병으로 죽어가는 다윗의 모습에 괴로워하시는 하나님의 심정을 헤아리지 않아서 상처 받으셨다.

성경 속에서 하나님의 상처를 발견하기 시작하면 시편이 사람을 향한 하나님의 절규로 들리기 시작한다. 한여름의 풀처럼 싱그럽고 꽃같이 아름다운 사랑도 시들고 변해 버리지만 하나님의 첫사랑은 다윗의 첫사랑보다 강하고 영원하다. 사람의 상처는 사람을 죽이지만 하나님의 상처는 사람을 살리기 때문이다. 하물며 하나님의 기쁨이랴?

성경의 재료는 하나님을 사랑하는 사람들의 상한 심령과 사람들을 사랑하신 영원한 하나님의 못자국 난 상처들이다. 하나님께서는 에덴동산 첫사랑의 상처를 가한 여자의 후손으로 메시아를 보내셨고, 예수께서는 해골 골짜기 십자가에 자신을 못박고 창으로 찌른 자들에게 자신의 보혈을 쏟아 죄인이 하나님께 돌아가는 영광의 레드카페트를 깔아 주셨다.

그가 찔림은 우리의 허물 때문이요 그가 상함은 우리의 죄악 때문이라. 그가 징계를 받으므로 우리는 평화를 누리고 그가 채찍에 맞으므로 우리는 나음을 받았도다(사 53:4).

하나님께서 구하시는 제사는 상한 심령이라. 하나님이여 상하고 통회하는 마음을 주께서 멸시하지 아니하시리이다(시 51:17).

해답의 실마리 솔로몬 성전

일반 대중문화 미디어들은 대단히 규모가 크고 강력하다. 그에 반해 크리스천 문화들은 상대적으로 작고 초라한 느낌이 들 때가 있다. 시대적인 흐름을 잘 타지 못해서 그렇다는 의견도 있고, 크리스천 콘텐츠의 개발이 시급하다는 지적도 있다. 크리스천 문화가 대중문화보다 더 큰 영향력을 발휘하려면 어떻게 해야 할까? 뛰어난 리더십, 유능한 예술가들, 충분한 자본을 가지고 모두 힘을 합한다면 어느 정도 가능한 것일까?

이 질문에 관한 해답의 실마리를 찾으러 솔로몬 성전 건축현장으로 가 보자.

이스라엘의 두 번째 왕 다윗은 하나님을 위한 아름다운 성전을 짓고자 하는 마음이 있었고, 하나님께서도 다윗의 순수한 동기를 기뻐하셨다. 다윗은 오랜 기간 동안 성전 건축에 필요한 충분한 자금과 막대한 재료들을 모아 놓고 죽었다.

다윗의 아들 솔로몬이 왕이 되자 드디어 성전 건축을 시작하게 되었다. 역사상 가장 크고 화려한 기독교 미디어의 상징인 솔로몬 성전의 건축 진행 과정을 주목해서 살펴보자.

다윗이 그토록 많은 준비를 해 놓고 죽었지만, 워낙 큰 규모의 성전이라 더 많은 재료가 필요했다. 또한 그 재료들을 이용해 건설을 완성시킬 고급인력들인 목수와 석공들 즉 고대기하학의 경지에 다다른 메이슨들이 필요했다. 솔로몬은 지혜가 많은 사람이었기에 해결책을 찾아냈다. 당시 해상무역의 중심지로 놀라운 번영을 누리고 있던 지중해 연안의 국가 베니게의 두 도시 두로와 시돈 중 하나인 "두로"를 이용하기로 한다. 베니게는 그리스어로 페닉스phoenix 즉 붉은색 혹은 자주색이라는 단어에서 유래한 말이다. 두로는 해안가에 무수한 조개 껍데기에서 나온 자주색 염료로 옷감을 물들여 수출하는 산업이 흥왕했다. 그 당시 자주색 옷감은 금과 비슷한 값어치가 있을 정도였다.

당시 두로의 왕은 후람이었는데, 후람은 솔로몬의 부친인 다윗 시절부터 이스라엘과 친분이 있던 터였다. 솔로몬은 후람에게 무역을 제안했다. 성전 건축에 필요한 금과 백향목, 그리고 고급인력인 목수와 석공들을 제공받는 조건으로 원하는 만큼 식량 등을 지불하기로 했던 것이다. 이 제안은 후람에게 받아들여졌지만 후람은 솔로몬의 제안을 조금 조정해서 받아들였다.

솔로몬이 필요한 것은 재료와 기술이었다. 재료는 받아서 가져오면 되지만 인재들은 와서 기술을 사용하고 떠나 버린다. 솔로몬은 그 인재들의 기술 또한 가져오고 싶었다. 그래서 이스라엘의 목수들을 두로에 보내서 같이 일하면서 노하우를 배워 오게 하려고 했다.

당신은 명령을 내려 나를 위하여 레바논에서 백향목을 베어내게 하소서. 내 종과 당신의 종이 함께할 것이요 또 내가 당신의 모든 말씀대로 당신의 종의 삯을 당신에게 드리리이다. 당신도 알거니와 우리 중에는 시돈 사람처럼 벌목을 잘하는 자가 없나이다(왕상 5:6).

당시 백향목은 가장 중요한 건축 재료여서 아시리아와 이집트의 신전들의 내부도 백향목으로 장식되어 있었다. 백향목은 중동에서도 레바논 산맥의 해발 2,000미터 이상에서만 자라고 최소 300년 이상 자라야 목재로 사용이 가능하다. 두로 왕 후람은 후람의 목수와 솔로몬의 목수가 최초 벌목과정부터 함께 일하게 하자는 솔로몬의 제안을 거절했다. 모든 공정에서 가장 중요한 초기작업들을 공개하지 않고 두로 땅에서 자체적으로 끝내 버린 것이다. 후람의 목수들이 벌목하고, 벌목장소에서 바다까지 운반하고, 바다에서 목적지까지 보내서 시키는 대로 조립만 하면 되는 중, 후반 작업을 할 때가 되어서야 이스라엘 목수들에게 넘겨 참여하도록 했다.

내 종이 레바논에서 바다로 운반하겠고 내가 그것을 바다에서 뗏목으로 엮어 당신이 지정하는 곳으로 보내고 거기서 그것을 풀리니 당신은 받으시고 내 원을 이루어 나의 궁정을 위하여 음식물을 주소서 하고(왕상 5:9).

성전 건축의 총책임자는 두로의 후람 왕이 추천한 최고의 조형예술가 히람이었다. 히람은 이스라엘 어머니와 두로 사람 놋 대장장이 아버지 사이에서 태어난 혼혈이었다. 아버지가 빨리 사망했는지 어려서부터 과부의 아들로 어려운 삶을 살다가 후람 왕이 있는 두로 땅에서 훌륭한 예술가로 성장했다. 그는 성전의 전체 공정을 주관했으며 성전입구의 두 기둥 보아스와 야긴을 만들었고 각종 제사에 쓰이는 놋 기구들도 모두 만들었다.

또한 성전 건축현장은 연장소리가 안 들리게 조용했다는 표현이 나온다. 그것은 초기 작업 시 채석장에서 돌을 채석함과 동시에 바로 설계대로 완벽히 다듬어서 건축현장에서는 조립만 했기 때문인데, 거대하고 정교한 신전 구조물을 제작해 본 경험이 전무한 이스라엘 사람들에게는 꿈도 꿀 수 없는 기술이었다.

이 성전은 건축할 때에 돌을 그 뜨는 곳에서 다듬고 가져다가 건축하였으므로 건축하는 동안에 성전 속에서는 방망이나 도끼나 모든 철 연장 소리가 들리지 아니하였으며(왕상 6:7).

이렇게 해서 솔로몬 성전은 중요한 초기 작업과, 중간 조립과정의 모든 관리와, 마지막 마무리 작업까지 사실상 이스라엘이 아닌 두로 왕 후람과 그의 건축자들에 의해서 만들어졌다. 이스라엘 목수와 석공들은 부가적인 노동을 했을 뿐 핵심 노하우를 전수받지 못했다.

이와 같이 후람이 솔로몬 왕을 위하여 하나님의 성전에서 할 일을 마쳤으니(대하 4:11).

가장 아름다운 크리스천 예배 미디어 중 하나인 솔로몬 성전이 결국 이방인들에 의해 만들어졌다는 사실은 참 받아들이기 힘들었다. 이스라엘은 이집트 노예생활을 할 때에도 이집트 국고성과 신전들의 건축 일에 참여는 했지만, 벽돌 굽고 돌을 운반하는 허드렛 일만 했다. 부유한 솔로몬 왕국 시절이 되어 넘쳐나는 자금으로 하나님의 성전을 짓는 시기에서도 유행하는 첨단 문화기술의 영역은 건드리지 못하고 부가적인 일만 하고 끝났다.

열왕기서와 역대서를 며칠간 뒤적이면서 솔로몬 성전 건축현장을 계속해서 체험하면서 메시지를 찾으려고 무척이나 애를 썼다. 왜 아름다운 솔로몬 성전은 이방인들이 완성했을까? 하나님의 선한 일이기에 교회 밖에 있는 사람들도 모두 참여하게 하신 화합과 번영의 섭리일까? 이스라엘을 향한 하나님의 축복이 이방인들까지 동원해서 협력하게 하신 것일까? 풀리지 않는 의문은 성전 건축을 시작했던 솔로몬의 삶이 끝나기 전에 풀리기 시작한다.

그렇게 이방인들의 기술로 시작되고 마무리되어진 화려한 외형의 솔로몬 성전은 오래지 않아 각종 우상들과 하나님을 함께 섬기는 타락의 장소가 되고 말았다. 대형화된 교회 건축물 안에는 아름다운 장식과 문화들로 가득 찬다. 축복의 상징인 돈이 흐르는 길로 유행하는 문화제국들의 이념과 사상도 들어오고, 화해와 평화적인 대화와 조화의 장이 열리면서 서로를 포용하며 종교통합이 이루어진다. 솔로몬은 수많은 이교도 여인들과 몸을 섞으면서 영혼과 신앙도 섞어 버렸다. 이러한 성전을 보시고 신약의 예수께서는 이렇게 말씀하셨다.

어떤 사람들이 성전을 가리켜 그 아름다운 돌과 헌물로 꾸민 것을 말하매 예수께서 이르시되 너희 보는 이것들이 날이 이르면 돌 하나도 돌 위에 남지 않고 다 무너뜨려지리라(눅 21:5-6).

우리도 세상에 뒤지지 않는 아름다운 외형의 크리스천 문화를 만들고 싶어 한다. 그런데 우리 힘으로는 불가능하다는 것을 알고 실력 있는 대중문화 전문가들의 기술과 충분한 자금의 도움으로 완성시켜 보려는 생각을 갖게 될 때도 있다. 그러나 성경은 크리스천이 세상보다 외형적으로 앞선 문화를 만드는 것에 집중하는 것을 바람직하게 표현하지 않는다. 또한 결코 세상이 그들의 노하우를 넘겨 주지도 않을 것임을 보여 준다. 만에 하나 어떻게 완성된다 하더라도 오래가지 않음을 알려 준다.

한창 성전 건축이 진행되는 중에 하나님께서 솔로몬에게 하신 말씀을 살펴보면 하나님의 큰 관심은 성전의 규모나 화려함이 아닌 시내 산 "사랑의 약속"임을 알 수 있다.

네가 지금 이 성전을 건축하니 네가 만일 내 법도를 따르며 내 율례를 행하며 내 모든 계명을 지켜 그대로 행하면 내가 네 아버지 다윗에게 한 말을 네게 확실히 이룰 것이요 내가 또한 이스라엘 자손 가운데에 거하며 내 백성 이스라엘을 버리지 아니하리라 하셨더라(왕상 6:12-13).

빗속의 눈물

이미 걷잡을 수 없을 만큼 수많은 악한 영들이 쏟아져 나오는 세상 미디어들에 대항해서 홀로 하나님의 편에 우뚝 서 있던 사람이 있었다.

그날 이스라엘 갈멜 산 위에는 바알신과 아세라신의 선지자들은 850명이 모여 있고, 하나님의 선지자는 엘리야 혼자였다. 모든 이스라엘 사람들이 진짜 신이 누구인지 알고 싶어 산 아래로 모였다. 진짜 신만이 불의 응답을 할 것이다. 그날은 사람들이 자기의 신을 결정하는 중요한 선택의 날이었다.

화려한 솔로몬 성전은 이미 종교혼합주의의 상징이 되어 버렸고, 성전 안에 하나님의 메시지는 남아 있지 않았다. 사람들은 하나님과의 약속을 잊어버렸고, 신령과 진정의 예배는 사라졌다.

산 위에서 엘리야는 먼저 잃어버린 예배를 회복했다. 당시 유행하던 신상품 백향목이나 황금이 아닌 갈멜 산 거친 돌들을 잡아 끌기 시작했다. 시내 산 약속의 날 십계명 돌판에 새긴 소중한 약속들을 기억하지 않는 이스라엘 열두 지파의 이름을 되뇌며 그 이름대로 열두 돌 제단을 쌓았다. 하나님과 이스라엘의 사랑의 추억을 다시 쌓았다.

갈멜 산 건조한 열두 돌덩이처럼 메마르고 황폐한 이스라엘 열두 지파의 마음을 붙잡고 홀로 선 늙은 선지자는 타 들어가는 심정과 떨리는 목소리로 사람들에게 잊혀진 하나님의 이름을 불렀다. 그러자 더 이상 참을 수 없는 하나님의 감정이 폭발해서 불이 되어 내려와 열두 돌의 제단을 태워 버렸다. 불의 응답은 냉정하게 얼어 버린 이스라엘의 마음을 향해 외치는 하나님의 불타는 절규였다.

불의 응답을 보여 주고 하나님의 기적을 보면 사람들은 놀란다. 그리고는 더 큰 기적을 보고 싶어 한다. 예수께서도 보리떡 다섯 개와 물고기 두 마리로 오천 명을 먹이신 후에 사람들이 구름같이 모이자 그들을 책망하시고 마음 아파하셨다. 그들은 기적을 통해 예수님이 하나님의 아들이심을 본 것이 아니라 한 끼 배부른 식사를 제공해 줄 공짜 음식점을 보았기 때문이다.

예수께서 대답하여 이르시되 내가 진실로 진실로 너희에게 이르노니 너희가 나를 찾는 것은 표적을 본 까닭이 아니요 떡을 먹고 배부른 까닭이로다(요 6:26).

사람들은 3년 6개월의 가뭄이 와도 하나님을 찾지 않았고, 하늘에서 불이 내려오는 표적을 보고도 하나님께 온전히 돌이키지 않았다. 그저 가뭄에서 그들을 건져 낼 비를 기다릴 뿐이었다. 불의 표적을 본 백성들과 모든 것을 처음부터 지켜본 왕까지도 기적에 놀랄 뿐 하나님이 그들을 사랑하심을 진심으로 믿지 않았다. 그럼에도 불구하고 하나님께서는 필요한 것보다는 언제나 갖고 싶은 것만 원하는 사람들에게 그들이 원하는 것을 주시기로 하셨다. 사람들이 원한 것은 영원한 하나님의 은혜가 아니라 당장의 갈증을 해결할 물이었다.

영혼의 갈증은 느끼지 못하고 육체의 갈증만 해결하고 싶어 하는 사람들, 그들이 급한 갈증을 해결하면 다시 하나님을 망각해 버리겠지만, 하나님은 엘리야에게 비를 부르는 기도를 하게 하셨다. 그리고 일곱 번의 간절한 기도 후에 그토록 기다리던 치유의 비가 내렸다. 돌이키지 않는 이스라엘을 보면서 하나님의 눈물은 억만 개의 슬픔이 되어 메마른 땅을 뒤덮었다.

사람들은 쏟아지는 비를 통해 하나님의 신비로운 가뭄해결 능력을 보았다. 자신의 목마름을 해소하고, 가축과 농경지를 풍요하게 하는 능력에만 감탄할 뿐 하나님과의 약속을 기억하지도 않았으며 하나님의 심정에는 아무런 관심이 없었다.

모든 사람이 하나님이 아닌 비에 기뻐하고 있을 때, 하나님의 마음을 아는 한 사람의 선지자만 주체할 수 없는 가슴을 부여잡고 빗속을 눈물을 흘리며 내달렸다. 멈추면 자신의 심장이 하나님의 아픈 심정을 견뎌낼 수 없을 것 같아서 전차보다 빠른 속도로 하나님의 슬픔 속으로 내달렸다.

내가 오늘 필요한 것은 내 풍요를 위한 하나님의 능력인가? 하나님 그분이신가?

나는 하나님의 심정을 알고 있는가?

성경 속에서 내가 만난 하나님은 나 때문에 자주 우는 분이셨다.

크리스천 문화유산

솔로몬 시대 크리스천 문화의 상징이었던 솔로몬 성전은 아름답고 큰 규모만 갖추었을 뿐 하나님의 약속과 메시지를 전달하는 미디어의 역할을 결국 제대로 하지 못했다. 오늘날 크리스천이 만들 문화의 방향이 될 만한 모델이 있을까? 크리스천 문화의 가치기준을 고민해 보고 후대를 위해 남겨질 크리스천 문화유산의 모델을 성경에서 찾아보도록 하자.

시내 산 위에서 했던 중요한 약속을 사람들이 잊어버리고 더 이상 후대에 전달하지 않아서 사사기가 와 버렸다. 하나님께서는 약속을 다시금 기억나게 하기 위해서 특별한 미디어들인 예언자들을 보내셨다. 세상이 점점 악해질수록 하나님께서도 점점 더 강력한 예언자들을 보내신다. 사람들이 하나님의 메시지를 듣기 싫어하고 수많은 예언자들을 계속해서 때리고 죽이자 드디어 불의 예언자 엘리야를 보내셨다.

엘리야가 외치면 하늘에서 불이 내려와 악한 사람들을 태워 죽였고, 기도하면 3년 6개월간 땅에 비가 오지 않았다. 그렇게 강력한 엘리야의 메시지도 듣지 않자 이번에는 두 배로 레벨업 된 엘리사를 보내셨는데 엘리사는 기도하면 7년간 비가 오지 않을 정도였다. 이렇게 어둡고 캄캄한 영적 침체의 시대 속을 살았던 엘리야와 엘리사의 이야기 속에 담겨진 크리스천 문화유산의 흔적을 찾아보자.

그토록 아름다운 외형의 성전을 지었던 솔로몬이 죽자 이스라엘은 남과 북으로 갈라져 버렸다. 마치 한국과 북한처럼 말이다. 북쪽의 7대왕은 아합이었는데 구약성경의 기록에 의하면 어떤 역대의 왕보다 악한 짓을 한 왕이라는 평가를 받고 있다. 그의 아내는 이방나라 시돈에서 온 공주 이세벨이었는데 각종 이방신의 우상숭배에 심취한 여자였다. 특히 이세벨은 하나님의 메신저인 예언자들은 닥치는 대로 잡아죽였다. 이런 시대에 엘리야는 시내 산 약속을 까맣게 잊어버린 이스라엘 사람들에게 하나님의 보내심을 받게 된다.

낙타털옷에 가죽띠를 두른 엘리야, 엘리야라는 이름은 "여호와는 하나님이시다"라는 뜻을 가지고 있다. 이스라엘 사람들은 이미 하나님과의 약속은 잊어버리고 후대를 위해 가르치지도 않았으며 심지어 하나님이 누구인지조차 몰랐다. 그러자 왕비 이세벨이 장려하고 권유하는 이방신 바알과 아세라를 시대의 유행과 흐름으로 받아들이고 하나님이라고 생각해 버렸다. 이러한 상황에서 엘리야는 하나님의 약속과 메시지를 사람들 앞에서 성토하기 시작했고 하나님은 엘리야의 메시지를 확증하시려 불의 응답으로 가뭄과 비의 응답으로 대답하셨다. 이렇게 엄청난 능력을 소유한 예언자였지만 사람들은 기적에 놀랄 뿐 하나님께로 돌아오지 않았다. 아무리 하나님의 큰 일을 감당하는 엘리야였지만, 극심한 외로움으로 몸과 마음이 지쳐 버렸다. 많은 예언자들을 잔인하게 죽인 이세벨의 끊이지 않는 협박에 쫓기는 것도 그만하고 싶었다. 그렇게 지쳐 버려서 이제 차라리 죽어서 쉼을 얻고 싶었던 엘리야는 하나님의 다양한 위로하심으로 다시금 힘을 얻고 후계자인 엘리사를 세운 후에 승천했다.

엘리야 승천의 날에 엘리야는 엘리사와 함께 길을 걷고 있었다. 엘리야는 엘리사와 이별을 하고 홀로 떠나가려 했으나 엘리사는 끝까지 동행하기를 원했다. 스승 엘리야가 떠난 후에 감당해야 할 사명이 있음을 알았기에 특별한 기름 부으심이나 체험으로 능력을 받기를 원했는데 엘리야는 아무것도 안 해 주고 그냥 가려고 했다. 두 사람이 요단 강 앞에 당도했을 때 엘리야가 자신의 겉옷을 말아 요단 강을 치자 하나님의 능력이 나타나 강물이 둘로 갈라졌다. 강을 함께 건넌 후 엘리야가 드디어 물었다.

엘리야가 엘리사에게 이르되 나를 네게서 데려감을 당하기 전에 내가 네게 어떻게 할지를 구하라 엘리사가 이르되 당신의 성령이 하시는 역사가 갑절이나 내게 있게 하소서 하는지라 이르되 네가 어려운 일을 구하는도다 그러나 나를 네게서 데려가시는 것을 네가 보면 그 일이 네게 이루어지려니와 그렇지 아니하면 이루어지지 아니하리라 하고 두 사람이 길을 가며 말하더니 불수레와 불말들이 두 사람을 갈라놓고 엘리야가 회오리 바람으로 하늘로 올라가더라(왕하 2:9-11).

대답한 후에 바로 하늘에서 불병거와 불말이 내려와 두 사람 사이를 갈라놓고 엘리야는 회오리 바람을 타고 하늘로 올라갔다. 엘리야는 올라가면서 자신의 겉옷을 벗어서 던졌다. 엘리사는 땅 위에 남아서 그저 떨어진 낙타털옷 하나를 주워 들고 멍하니 하늘을 응시했다.

엘리사가 본 것은 무엇인가? 하나님의 능력이 강을 가르시는 것과 하늘의 불병거와 불말, 그리고 위협적인 회오리 바람에 놀랐다. 그러나 그게 어떻다는 말인가? 그걸 봐서 대체 뭐가 달라지냐는 말이다. 최소한 이러한 권능과 능력이 자기 몸을 휘감거나 잠깐 들어 올리거나 해서 기름부음을 직접 체험하듯 안수기도라도 해 주지, 그런 것 없이 스승은 그냥 올라가 버렸다. 한참을 서서 스승의 겉옷을 지켜보았다. 엘리야의 겉옷 속에는 흔적과 기억들이 남아 있었다. 외로이 광야에서 하나님과 함께 했던 시간 동안 입고 있던 허름한 옷, 타 들어가는 땅 위에 서서 불의 응답을 기다렸던 갈멜 산 거친 돌들의 메아리와 그릿 시냇가에서 까마귀에게 받아먹은 물과 빵 부스러기 자국들이 남겨진 옷, 로뎀나무 아래서 혼자 외로움에 지친 가슴을 부둥켜 안고 울며 기도하던 눈물과 땀의 흔적들이 겉옷에 담겨 있었다. 엘리야는 엘리사가 그것을 보기 원했다. 자신의 삶 전체에 녹아 있는 하나님의 메시지를 겉옷에 남기고 떠났다. 엘리사가 엘리야의 갑절이나 되는 하나님의 영감을 받는 유일한 방법은 몸과 옷의 관계처럼 어디에서도 어떠한 상황에서도 하나님과 동행하는 길뿐이었다.

하나님과 동행했던 스승이 남긴 단 한 벌의 겉옷을 붙잡고 스승처럼 하나님과 동행할 것을 다짐하며 길을 떠나는 엘리사가 요단 강을 치자 강이 갈라졌다. 그리고 엘리야의 갑절의 영감을 가진 엘리사의 사역이 시작되었다.

하나님의 사람들이 세상에서 하나님과 동행하며 머문 자리, 남긴 하나님과의 추억, 그리고 그들이 하나님을 붙잡았던 예배의 흔적들을 우리는 크리스천 문화라고 부른다. 큰 규모의 행사나 대성전이 아닌 낡고 초라한 한 벌의 낙타털옷이라도 그것에 하나님을 향한 삶의 몸부림과 흔적이 담겨 있다면, 그것이야말로 우리가 후세에 물려 줄 진정한 크리스천 문화유산이 아닐까?

눈물의 노래

성경 속 미디어

시내 산 약속을 잊어버린 이스라엘에게 하나님께서는 수많은 메신저들을 보내셨지만 약속의 메시지는 이스라엘에게 다시 받아들여지지 않았다. 하나님 섬기기를 싫어하던 사람들은 다른 것들을 찾아서 섬겼다. 사람들은 하나님을 외면했고 하나님은 둘로 갈라졌던 북쪽 이스라엘 왕국에 더 계실 수 없었다. 하나님이 떠나시자 시내 산 약속의 내용처럼 외적들과 재앙이 들어와서 북 이스라엘을 멸망시키고 남은 사람들을 포로로 붙잡아 아시리아로 끌고 가 버렸다.

북왕국이 멸망하고, 이스라엘의 남쪽왕국 유다만 남았는데 유다 왕국도 같은 운명이 다가오고 있었다. 이러한 때에 제사장의 아들이었던 예레미야가 하나님의 보내심을 받았다. 예언자들의 권고와 경고를 듣지 않고, 엘리야를 보내서 불의 응답을 보여도, 엘리사를 보내서 7년의 가뭄을 보내고, 18만5천 명의 외적들에게서 구원하고, 죽은 자도 살려내는 것을 보여 주어도, 잠시 놀랄 뿐 하나님께 돌아오지 않았다. 마침내 하나님께서는 슬픔의 미디어 눈물을 이용하셨다. 그렇게 눈물의 예언자 예레미야가 하나님의 눈물을 들고 오게 되었다. 예레미야서와 예레미야 애가서는 무서운 멸망에 들어가는 이스라엘을 붙잡고 우는 눈물로 가득 차 있다. 예레미야가 우는지, 예레미아 안에 하나님이 우는지, 둘 다 우는지 알 수가 없다. 예레미야는 할 수 있는 한 모든 시각적인 자료들을 만들어서 메시지를 전달하려 노력했다. 첫 번째 시각자료는 예레미야 자신이었다. 곧 다가올 재앙이 너무 가혹하기에 사랑하는 여인과 결혼도 할 수 없었고 자녀도 둘 수 없었다. 우상숭배 하던 힌놈의 골짜기에서는 "오지병"을 깨뜨려 이스라엘 백성들이 이와 같이 부서짐을 경고했지만 소용이 없었다.

하나님과 이스라엘의 약속이었던 레위기에 의하면, 이스라엘이 약속을 잘 지키면 하나님의 복이 임하고 지키지 않으면 저주가 임하게 되어 있다. 이스라엘이 약속을 지키지 않왔고 이제 저주가 다가오고 있었다. 아무리 많은 예언자를 보내어 갖은 방법으로 약속의 메시지를 다시금 알게 하려 했으나 받아들이지 않았던 이스라엘에 비해서 이방나라 아시리아의 수도 니느웨는 요나가 사흘간 성의 없이 전달한 메시지를 듣고 왕부터 가축까지 금식하고 회개하며 하나님의 메시지를 받았다.

엘리야의 갑절의 영감을 가진 엘리사가 무수한 신호들을 보이며 노력해도 전달되지 않던 메시지를 이방나라 바벨론의 군대장관 나아만은 일곱 번 순종해 가면서 하나님의 메시지를 받았다. 그래서 하나님께서는 북왕국은 아시리아에, 남왕국은 바벨론에 포로로 잡혀가게 하셔서 70년간 배울 수 있는 전국민 특별 유학 프로그램을 만드셨다. 이 70년 포로생활 동안 이스라엘 사람들은 서로 모여서 하나님의 약속인 성경을 제대로 공부하고 연구하기 시작했고, 바벨론과 아시리아의 어떤 신들보다 위대한 하나님을 몸소 체험하는 여러 사건을 겪었다. 70년의 포로생활 후에는 2,500년이 지난 지금까지 이스라엘 사람들은 다시는 이방 우상을 만들지 않았다.

그러나 당시의 이스라엘 사람들은 이렇게 포로생활까지도 하나님의 섭리가 있다는 것을 외치는 예레미야의 말을 듣지 않았다. 그저 바벨론에 포로가 된다는 것이 수치스러울 뿐이었다. 심지어 예레미야를 매국노 취급하면서 때리고 우물 구덩이에 던져 넣었다. 아무리 기도해도 하나님은 뜻을 돌이키시지 않고 아무리 외쳐도 이스라엘은 듣지 않고, 그냥 입을 다물고 있으려 하면 속에서 불이 붙는 것 같아서 외치면 또 얻어맞고 욕먹는 자신을 보면서… 예레미야는 하염없이 울면서 돌아다녔다.

결국 예레미야의 예언처럼 이스라엘은 바벨론에 멸망 당하고 폐허가 되었다. 순순히 포로가 되지 않고 자존심 때문에 저항하던 시드기야 왕은 아들들이 눈앞에서 죽임을 당하는 것을 마지막으로 보고 두 눈이 뽑혀 버린 후 바벨론으로 끌려갔다. 폐허가 되어 불타는 예루살렘 거리를 걸으며 예레미야는 신음처럼 통곡처럼 눈물의 노래를 불렀다.

슬프게도 사람들이 많았던 예루살렘 성은 적막해져 버렸다. 그래서 나의 눈에 눈물이 물같이 흐른다. 너무 울어서 눈이 상하고 창자가 끊어지고 간이 땅에 쏟아지는 것 같이 슬픈 것은 이스라엘이 망해서 어린아이들과 아기들이 길거리에 기절해 쓰러져 있기 때문이다.

여인들은 굶주림에 정신이 이상해져서 자기의 아이들을 잡아먹고 제사장과 선지자들은 그들이 예배하던 성전에서 죽임을 당했다.

늙은이와 젊은이의 시신들이 다 길바닥에 엎드러져 즐비하고 처녀들과 청년들이 칼에 살해되어 곳곳에 쓰러져 있다. 하나님께서 진노의 날에 긍휼 없이 죽이신 것이다.

하나님이 다시 돌아보실 때까지 나의 눈에서 눈물이 그치지 않을 것이다.

도시 안의 여인들을 보니 더 가슴이 아프다. 젖먹이가 목이 말라서 혀가 입천장에 붙어도 아이들에게 음식을 줄 사람이 없다. 전에 소돔의 멸망보다도 더 참혹하다. 전에는 윤택하게 살고 높은 지위에 있던 사람들의 얼굴이 숯보다 검고 가죽이 뼈에 붙어 막대기 같이 말라서 누구인지 알아볼 수조차 없었다. 차라리 이미 칼에 죽은 자들이 나은 것은 남겨진 자들은 음식이 없어서 오랜 고통 속에 서서히 죽어가기 때문이었다.

예레미야는 이처럼 비참한 멸망을 묘사하고 노래하면서 동시에 새로운 소망의 기도를 노래했다.

내 고초와 재난 곧 쑥과 담즙을 기억하소서
내 마음이 그것을 기억하고 내가 낙심이 되오나
이것을 내가 내 마음에 담아 두었더니 그것이 오히려 나의 소망이 되었사옴은
여호와의 인자와 긍휼이 무궁하시므로 우리가 진멸되지 아니함이니이다
이것들이 아침마다 새로우니 주의 성실하심이 크시도소이다
내 심령에 이르기를 여호와는 나의 기업이시니 그러므로 내가 그를 바라리라 하도다
기다리는 자들에게나 구하는 영혼들에게 여호와는 선하시도다(애 3:19-25).

예레미야 애가는 노아의 날에 하늘의 궁창이 쏟아지고 땅이 모두 잠길 때까지 방주를 붙잡고 40일간 울어 버린 하나님의 눈물이 예언자 예레미야의 눈을 통해 다시금 터져 나오는 눈물 메시지였다. 세상을 진동시키는 하나님의 흐느낌이었다. 그렇게 성경은 약속을 잊어가는 사람들의 죄악과, 하나님의 안타까운 눈물로 가득 차 있다. 그러나 눈물의 마지막에는 아픔을 넘어선 소망과 위로의 메시지를 전달한다.

꿈에서 깨어 두발 강가에서

20대를 돌아보면 내 삶에 가장 큰 원동력은 "꿈"이라는 단어였다. 꿈 때문에 새로운 도전을 할 수 있었고 꿈 때문에 현실의 어려움을 이겨나갔다. 더 넓은 세상, 더 높은 위치, 더 화려한 무대에 서는 꿈을 꾸는 젊은이들은 그들이 가진 열정만으로도 멋지다. 그러나 나의 경우에는 어떤 시점이 지나자 그토록 아름답고 숭고했던 꿈이 내 목을 조르기 시작하고 나를 파괴하기 시작했다. 더 큰 열정을 불어 넣으려고 노력할수록 몸과 마음은 더욱 황폐해져 갔다. 이제는 숨쉬기조차 힘들 만큼 어려운 상황이 되어서야 기억나는 것이 있었는데 돌아가신 아버지와의 약속이었다.

아버지는 독실한 장로교회 장로님이셨는데 시골에 내려가 양계농장을 운영하고 고추 농사 일을 하며 말년을 보내고 계셨다. 워낙 그림을 좋아하셔서 농사일울 하며 그림 그린다고 화구 박스도 챙겨 가셨는데 농사일이 너무 많아서 엄두도 못 내셨다. 그때 나는 한창 캐나다에서 애니메이션을 공부하다가 잠깐 한국에 들어가서 아버지의 시골 농장을 방문했다. 20대의 일 중에기억나는 것은 모닥불을 피워 놓고 아버지와 나눈 성경과 그림에 관한 대화였다. 아버지는 내게 성경전체를 그림으로 그려보자고 하셨다. 아버지가 다 못하면 내가 하고, 내가 다 못하면 내 아들이 하는 것으로 하자고 하셨다. 그것으로 가업을 삼자고 하셨는데….

당시에 나는 좀 다른 계획들이 있었다, 나만의 꿈 말이다. 성경을 그리는 것은 당연히 좋은 일이겠지만 그런 일은 50세가 넘어서 세상에서 내 꿈을 모두 이룬 후에 해도 늦을 게 없을 것이라고 생각했다. 하지만 아버지에게는 마지못해 알겠다고, 그렇게 하면 좋겠다고 말씀드렸다. 그리고 난 다시 캐나다로 돌아왔고 그것이 아버지를 마지막으로 본 것이었다. 그때 농장에서 나눈 대화가 아버지의 유언이었던 것이다.

그 뒤로도 나는 위대한 나만의 꿈을 찾느라 아버지와의 약속도, 아버지가 그토록 사랑했던 하나님도 기억할 시간이 없었다. 그러다가 내 꿈에 스스로 지치고 상처받아서 더 이상 돌아갈 곳이 없어졌을 때 아버지와의 약속이 생각나고 하나님이 생각났다. "네가 어디서 와서 어디로 가느냐?"는 성경 속의 메시지에 나는 깊은 세상 꿈에서 깨어나게 되었다. 열심히 가고 있었지만 어디로 가는지 알 수가 없었다. 그렇게 꿈에서 깨어 보니 내가 선 곳은 화려하고 넓은 세상의 무대가 아닌 바벨론의 포로들이 잃어버린 하나님의 약속을 그리워하는 두발 강가였다.

최근 들어 더 많은 TV 프로그램들과 인터넷 등 다양한 미디어들에서 꿈, 비전, 리더십이라는 메시지를 부각시킨다. 더 큰 무대와 세상을 꿈꾸는 그들의 도전을 감동으로 포장하고 그들의 여정 하나하나에 모두가 울고 웃는다. 과연 그들이 가는 길 끝에는 그토록 원하는 꿈이 기다리고 있을까?

성경 속 고대인들도 오늘의 우리와 같이 꿈을 꾸었다. 사람들은 필요한 것을 꿈꾸지 않고 원하는 것을 꿈꾼다. 이스라엘 왕국이 멸망에 다다랐던 예레미야 시대에도 사람들은 꿈을 꾸었고 자아 성취를 이루어 갔다. 그들의 꿈은 왕국의 번영과 풍요로운 삶이었다. 더 나은 삶, 더 많이 누릴 수 있는 환경, 그리고 놓칠 수 없는 명예가 그들의 꿈이었다.

당시에는 제국 아시리아의 세력이 약해지고 신흥제국 바벨론이 강국 이집트와 경쟁하며 세계를 통치하는 시대로 들어가고 있었다. 이스라엘의 여러 왕들은 이집트와 바벨론 사이를 오가며 살아남으려고 외교에 총력을 기울였다. 마치 강대국인 미국과 중국 사이에서 외교활동을 하는 작은 나라 한국과 비슷하다는 생각이 든다. 이렇게 강대국들의 틈바구니에 끼어서 눈치 보며 살던 이스라엘은 불안한 세계정세와 치열한 현실을 대면하기보다는 낭만적인 미래와 평안한 생존을 꿈꾸었다. 자본주의가 심화되어서 부자는 더욱 부자가 되고 가난한 자는 더욱 가난해지지만 형식적인 종교의식만 치르면 하나님이 만족하실 것이라 생각했다. 레위기의 구체적인 약속들, 즉 하나님을 진심으로 사랑하고 이웃 사랑을 실천하라는 율법은 정해진 제사행위 한 번이면 충족된다고 생각했다. 그들의 현실적인 관심은 보이지도 않는 하나님과의 수백 년 전 약속이 아니라 오늘을 사는 처세술과 부의 축적으로 누릴 즐겁고 평안한 남은 여생이었다.

이러한 상황에서 예레미야를 통해 전달되는 하나님의 메시지는 사람들이 꿈꾸는 것과는 전혀 다른 것이었다. 이미 사람들은 하나님 없이 꾸는 꿈에 익숙해졌고 주변에는 예레미야보다 훨씬 많은 예언자들이 듣고 싶은 밝은 미래의 메시지를 끝없이 쏟아 내고 있었다.

결국 예레미야의 예언은 이루어졌다. 남쪽 왕국 여호야김 왕이 이집트를 의지하고 바벨론을 대적한 결과 남쪽 유다 왕국은 BC 586년에 바벨론에 멸망을 당했다. 어마어마한 살육의 대가를 지불하고 남겨진 자들은 바벨론에 포로로 잡혀 갔다. 한 순간에 모든 소유와 생명들이 잿더미가 되고 포로 신분이 된 후에야 정신을 차리게 되었다. 그렇게 이스라엘이 세상 꿈에서 깨어 하나님을 사무치게 그리워하며 시온의 노래를 부른 곳은 포로로 잡혀 온 바벨론의 두발 강가였다. 더 이상 돌아갈 곳이 없을 때 포로의 삶을 인식하고 하나님을 다시금 기억하자 처참한 포로들의 노래는 회복과 구원의 전주곡이 되었다.

> 우리가 바벨론의 여러 강변 거기에 앉아서 시온을 기억하며 울었도다
> 그 중의 버드나무에 우리가 우리의 수금을 걸었나니
> 이는 우리를 사로잡은 자가 거기서 우리에게 노래를 청하며
> 우리를 황폐하게 한 자가 기쁨을 청하고
> 자기들을 위하여 시온의 노래 중 하나를 노래하라 함이로다
> 우리가 이방 땅에서 어찌 여호와의 노래를 부를까
> 예루살렘아 내가 너를 잊을진대 내 오른손이 그의 재주를 잊을지로다(시 137:1-5).

오늘날 우리의 꿈들은 대부분 높은 곳에 있다. 키 작은 삭개오는 높은 지위에 오르고 많은 소유를 가지면 꿈이 이루어지리라 믿었지만 뽕나무에 더 높이 오르던 삭개오에게 예

수님은 내려 오라고 하셨다. 그 음성을 듣고 삭개오는 외로움에 속아 허영을 꿈꾸던 꿈에서 깨어났다.

예수님의 예루살렘 입성을 앞두고 제자들은 서로 높은 자리에 앉아 출세하는 꿈을 꾸었지만 예수께서는 허리를 굽히시고 제자들의 발을 씻으셨다. 그 모습을 보고 제자들은 세상 성공의 꿈에서 깨어났다.

세상 모든 사람들은 출세와 명예를 꿈꾸지만 예수께서는 멸시천대 십자가를 끌고 해골골짜기에 올라가서 죄인들의 용서를 부르짖었다. 십자가 위에서 치러진 희생으로 인류의 모든 영혼이 죽음의 꿈에서 깨어났다.

"네가 어디서 와서 어디로 가느냐?"는 질문에 깨어난 나는, 내가 할 수 있는 가장 중요한 두 가지 질문을 시작했고 주님께서는 내게 대답해 주셨다.

주님 누구시니이까? 주께서 이르시되 나는 네가 박해하는 예수라(행 26:15).

주님 무엇을 하리이까? 주께서 이르시되 일어나 다메섹으로 들어가라 네가 해야 할 모든 것을 거기서 누가 이르리라 하시거늘(행 22:10).

나를 세상 꿈에서 깨어나게 하신 분은 예수님이었고, 내가 앞으로 할 일은 그가 이르시는 대로 하면 되는 것이었다. 우리를 허무한 세상 꿈에서 깨어나게 하실 분은 오직 예수님뿐이고 세상 꿈에서 깨어난 후에는 세상이 감당하지 못하는 하늘의 꿈을 꾸게 된다. 그 꿈의 이름은 예수 그리스도이다.

무너진 방어선

어른들의 소그룹 모임 중에 또는 어른들의 일상적인 대화가 진행되는 시간에 옆에 있는 작은 아이들의 손에는 아이폰과 아이패드가 들려 있는 모습을 자주 목격한다. 어른뿐 아니라 어린 아이들도 한번 모바일 기기들을 통해서 새롭고 신기한 세계를 접하고 나면 계속해서 더 많이 경험하고 싶어 한다. 각종 게임과 유튜브 동영상들을 통해서 무차별적인 포스트모더니즘의 메시지가 어린 아이들을 융단폭격 한다.

어른들이 서로 모여 작은 모임과 소소한 대화에 여념이 없는 동안, 하나님의 말씀 레위기 대신 게임이 선생의 자리에 앉아서 아이들을 가르친다.

바벨론 포로생활 70년이 지나자 예레미야의 예언처럼 이스라엘은 바벨론의 포로에서 해방되어 다시 고국으로 돌아간다. 그리고 성벽과 성전을 어렵게 재건한다.

바벨론에 의해 무너진 이스라엘의 성벽과 성전처럼, 오늘날 크리스천의 방어선 경건과 거룩의 성벽은 무너져 내리고 크리스천의 성전인 예배는 공격받고 있다.

상황은 심각하지만 지도자들은 성벽 재건을 엄두조차 내지 못하고 있다. 크리스천들이 더 이상 지도자들의 메시지에 귀 기울이지 않기 때문이다. 지도자들에게 영적인 권위가 사라져 버린 까닭이다. 무너진 성벽 재건을 이끌던 지도자인 대제사장 여호수아마저도 이방여인을 취하고 세상 사람들과 전혀 다름없는 가치기준을 가지고 세상의 방법으로 살아갔기 때문에 말씀 메시지를 내보낼 힘인 영적 권위가 사라져 버린 것이다. 마치 배터리가 꺼진 미디어처럼 말이다. 강력한 메시지와 거룩한 미디어의 목숨을 건 헌신을 합해야만 겨우 가능한 성벽의 재건은 그렇게 멈추어지고 말았다. 결국 거룩한 삶을 살았던 느헤미야가 바벨론에서의 높은 관직과 편안한 현실을 포기하고 파괴된 도시 예루살렘에 도착해서야 성벽 재건이 다시 시작되었다.

이 원리는 시간과 공간을 뛰어넘어 오늘날 우리의 가정과 교회와 사회에서 모두 적용된다. 공동체의 리더가 하나님 말씀 앞에 바로 서려고 몸부림치며 하루하루를 살아간다면 그 리더가 아무 말 없이 삶 속에 묵묵히 서 있기만 해도 공동체의 거룩과 경건의 성벽을 다시 일으켜 세울 영적인 권위가 하늘에서 임할 것이고, 공동체는 목숨을 건 헌신으로 성벽 재건을 시작할 것이다.

무차별적인 미디어들의 공격으로 이미 무너지고 부서져 버린 우리의 삶과 예배를 회복하는 길은 우리가 먼저 말씀을 의지하여 삶 속에서 세상과 구별된 거룩과 경건을 회복하는 것뿐이다. 오늘날 세상과 구별되는 크리스천의 마지막 자존심인 거룩의 방어선은 그렇게 무너져 있다. 지금은 예루살렘 성을 재건할 마지막 기회다. 당장 미디어를 내려놓고 성경을 펴야 한다. 값싼 헌신과 헌금으로 면죄부 사는 일을 중단하고 경건한 생각과 행동을 삶 속에서 실천해야 한다. 쉬운 일이 아니지만 어려워도 해야 하는 일이다. 지금 시간이 없어서 실천하지 않으면 앞으로도 실천할 시간이 생기지 않을 것이고, 무너진 예배와 거룩한 삶을 회복하는 것은 불가능해질 것이다.

2500년 전 예루살렘 성의 재건처럼 한 손에는 유일한 무기인 말씀의 칼을 들고 한 손으로는 회개와 애통의 벽돌을 올려서 우리 삶의 거룩과 경건을 오늘 회복해야 한다.

내 이름으로 일컫는 내 백성이 그들의 악한 길에서 떠나 스스로 낮추고 기도하여 내 얼굴을 찾으면 내가 하늘에서 듣고 그들의 죄를 사하고 그들의 땅을 고칠지라(대하 7:14).

위대한 침묵

아 시끄럽다...

모처럼 토요일 아침에 늦잠을 자려는데 무척이나 시끄러운 "토마스와 친구들" 주제가가 거실 TV에서 쩌렁쩌렁 울렸다. 떠지지 않는 눈을 가늘게 뜨고 나도 모르게 반사적으로 외쳤다.

"얘들아, TV 소리 좀 줄여라!".

오늘 아침도 역시 대중미디어는 시끄러웠고 덕분에 나도 시끄럽게 소리질렀다.

대통령 선거가 다가올수록 미디어들은 더욱 시끄러워진다. 각종 토론에서는 신경질적인 고성이 오가고 상대방의 반응과는 상관없이 오로지 자신의 입장을 외쳐대기에 여념이 없다. 근소한 차이로 우세에 있는 여당은 기세를 놓칠세라 끝없는 이념논쟁으로 야당에게 비난을 쏟아 붓고, 후보 단일화를 추진하는 야당은 단일화 과정에서조차도 사납고 시끄러운 비난과 원망의 목소리가 여기저기서 이어진다. 대립과 갈등 속에서 미디어는 충실하게 메시지들을 전달하려고 최선을 다한다. 잘 전달되지 않으면 더 크게 더 세게 외친다. 선거의 날짜가 다가오고 선거가 과열 되어 갈수록 미디어의 목소리는 더 커지고 표현들은 더 자극적으로 변해 간다. 특히 신뢰하던 상대에게 여러 가지 부당한 공격을 받거나 배신을 당할 때면 스스로를 대변하려 절규와 같은 표현으로 메시지를 내보낸다.

그러나 성경의 어떤 메시지들은 전혀 다른 방법으로 전달된다. 세상의 대중미디어는 영원토록 사용할 수 없는 방법인 침묵이다.

3년을 동행하며 각종 경험을 통해 예수가 하나님의 아들이심을 체험했던 제자들은 예수가 잡히시던 밤 모두가 도망치고 말았다. 대제사장 가야바의 뜰에서 창조주를 앞에 세워놓고 인간들이 종교재판을 시작하는 기가 막힌 상황이 시작된다. 대제사장은 홀로 선 예수를 향해 두 가지 질문을 한다. 첫 번째 질문은 예수의 제자들에 관한 것이었고 두 번째 질문은 예수가 전한 메시지에 관한 것이었다. 예수께서는 참지 않으시고 분명히 말씀하셨다.

예수께서 대답하시되 내가 드러내 놓고 세상에 말하였노라. 모든 유대인들이 모이는 회당과 성전에서 항상 가르쳤고 은밀하게는 아무 것도 말하지 아니하였거늘 어찌하여 내게 묻느냐 내가 무슨 말을 하였는지 들은 자들에게 물어보라. 그들이 내가 하던 말을 아느니라(요 18:21).

그러자 갑자기 대제사장의 아랫사람 하나가 손으로 예수를 때리며 대제사장에게 예의를 갖추어 말하라고 쏘아붙였다. 예수께서는 이에도 참지 않으시고 다시금 분명히 말씀하셨다.

내가 말을 잘못하였으면 그 잘못한 것을 증언하라. 바른 말을 하였으면 네가 어찌하여 나를 치느냐 하시더라(요 18:23).

예수께서는 마지막까지 당당하셨고 권위와 위엄을 잃지 않으셨다. 그러나 죽을지언정 주를 버리지 않겠다고 맹세하고 나서 모두 도망쳐 버린 제자들에 대해서는 아무 말씀도 하지 않으셨다. 베드로는 슬그머니 재판장소에 들어와서 스승님을 멀찌감치 살펴보고 있었다. 그런데 대중미디어 하나가 갑자기 켜진 AM 라디오처럼 시끄럽게 재잘거렸다.

문 지키는 여종이 베드로에게 말하되 너도 이 사람의 제자 중 하나가 아니냐 하니 그가 말하되 나는 아니라 하고(요 18:17).

시끄럽고 급한 대중미디어에 베드로는 반사적으로 조급한 반응을 이끌어 내며 아니라고 대답했다. 그러자 대중미디어는 그들의 방법대로 더 많은 복수의 목소리로 더 크게 물어보며 한꺼번에 생방송을 시작했다.

시몬 베드로가 서서 불을 쬐더니 사람들이 묻되 너도 그 제자 중 하나가 아니냐 베드로가 부인하여 이르되 나는 아니라 하니(요 18:25).

베드로가 아니라고 계속 부인하자 이제 미디어는 CCTV 증거와 증인까지 동원해서 떠들어댔다. 그러자 베드로도 기자회견을 열어 같은 방법으로 화를 내며 더 강하게 부인했다.

대제사장의 종 하나는 베드로에게 귀를 잘린 사람의 친척이라. 이르되 네가 그 사람과 함께 동산에 있는 것을 내가 보지 아니하였느냐. 이에 베드로가 또 부인하니 곧 닭이 울더라(요 18:26-27).

베드로가 저주하며 맹세하되 나는 너희가 말하는 이 사람을 알지 못하노라 하니 닭이 곧 두 번째 울더라(막 14:71-72).

동일한 재판의 장소였던 가야바의 뜰에서 우리는 상반된 두 가지 미디어와 메시지의 전달방법을 본다. 베드로는 대중미디어의 방법을 사용해서 당당하지 못한 자신을 정당화시키려 진리를 저주하며 맹세까지 동원해서 거짓 메시지를 강조했다.

반면 예수는 진리를 공격하는 세력에 대해서 대제사장이건 총독이건 거침없이 꾸짖고 당당히 증언하셨지만, 자신을 배신한 제자들을 숨기고 보호하기 위해서는 멸시와 저주를 끌어안듯이 침묵을 선택하셨다. 예수께서는 베드로가 자신을 부인하는 동안 침묵하셨다. 그리고 세 번의 부인이 끝났을 때 침묵이 완성되었다.

주께서 돌이켜 베드로를 보시니(눅 22:61).

세 번 부인하고 나서야 베드로는 스승을 바라보았다. 그리고 스승과 눈이 마주친 그는 스승이 계속 그를 듣고 계셨고 보고 계셨음을 알게 되었다. 떠들썩한 대중미디어처럼 자신을 대변하지 않으셨지만 피할 수 없는 예수의 눈은 베드로를 보고 계셨다. 지금은 연약하지만 3천 명을 변화시킬 소망의 신앙을 가진 자를, 지금은 겁에 질려 있지만 주를 따라 십자가에 거꾸로 매달릴 반석의 사도를 잠잠히 보고 계셨다. 위대한 침묵은 감찰하시는 하나님의 눈이다.

아브라함은 일찍이 이와 같은 하나님의 침묵을 경험했다. 모리아 산 위에 아들을 눕히고 칼을 들어올렸 때, 하루가 천 년 같고 천 년이 하루 같았던 하나님의 시간 속으로 들어가서 아무 말씀 없는 하나님 앞에 피의 결단을 내렸다. 아들을 내려치는 아브라함을 보시고 하나님의 침묵이 깨지고 터져 나오는 울음처럼 아브라함을 부르셨다. 하나님께서는 자신의 아들은 십자가에 희생시키셨지만 아브라함의 아들이 희생되는 것을 차마 보지 못하셨고 원하지 않으셨다. 아브라함에게 침묵하셨던 하나님의 비밀은 모리아 산에 있다. "모리아"라는 말은 '야훼께서 보신다'는 뜻이다. 아브라함은 비록 하나님께서 대답은 하지 않았을 지라도 자신을 보고 계심을 믿었던 것이다. 그렇게 하나님과 아브라함은 말하지 않아도 들리지 않아도 침묵 속에서 서로를 볼 수 있는 친구가 되었다.

구약의 하나님은 말라기 이후 400년의 침묵 속에 메시아를 준비하셨고,
신약의 나사렛 예수는 종교재판의 침묵 속에 구원의 십자가를 준비하셨고,
오늘의 성령께서는 말할 수 없는 탄식의 침묵 속에 복음의 증인인 우리를 준비하신다.

이와 같이 성령도 우리의 연약함을 도우시나니 우리는 마땅히 기도할 바를 알지 못하나 오직 성령이 말할 수 없는 탄식으로 우리를 위하여 친히 간구하시느니라. 마음을 살피시는 이가 성령의 생각을 아시나니 이는 성령이 하나님의 뜻대로 성도를 위하여 간구하심이니라(롬 8: 26-27).

1,000년의 사랑 400년의 대답

북미의 서해안 도시들에는 많은 한국인 기러기 엄마들이 남편과 떨어져 자녀교육 때문에 머물고 있다. 더 나은 자녀의 미래를 위해서 온전한 가정의 모습을 몇 년간 희생하는 것이다. 남편은 한국에서 경제활동을 하고 아내는 북미에서 아이들을 돌본다. 서로 떨어져서 어려운 현실들을 감당하면서 서로를 그리워한다. 반면 가족 구성원이 모두 함께 지내는 일반적인 한국 가정들의 이혼율은 2009년 OECD통계에서 OECD 국가 중 1위로 나타났다. 사람들은 떨어져 있을 때는 서로를 그리워하지만 함께 있을 때는 자유와 일탈을 갈망하는 경향이 있는 것 같다.

이와 같은 상황이 남편이신 하나님과 아내인 이스라엘 사이에도 일어났다. 한결같이 곁에 서서 아내를 사랑해 온 남편과는 달리 아내는 끝없이 자극적이고 새로운 재미를 찾기 원했다. 남편을 떠나 한눈팔고 실수할 때마다 받았던 권고와 징계는 마음 깊이 상처로 남아서 원망의 씨앗이 되었다. 남편의 권위와 힘이 두려워 곁에서 복종하며 살기는 하지만, 권위와 힘을 넘어선 크나큰 남편의 사랑에 무관심하는 것으로 복수를 하기 시작했다.

70년간 바벨론의 포로생활에서 돌아온 이스라엘은 두 번 다시 우상을 섬기지 않았지만, 하나님을 형식적으로 섬기게 되었고 사랑의 언약은 진부한 규범이 되어 버렸다.

구약의 마지막 책 "말라기"에는 하나님과 이스라엘이 서로의 상처로 가득 찬 무거운 대화를 힘겹게 이어나가는 모습이 나온다.

먼저 입을 여신 하나님께서는 서로 어렵고 힘든 시간이 있었지만 이스라엘을 진심으로 사랑해 왔다고 말씀하신다. 반면 이스라엘은 사실 하나님의 사랑을 받은 기억은 없고 잘못할 때마다 비참하게 징계당한 기억만 있으니 대체 어떻게 사랑하신 것인지 말씀해 보라고 소리쳤다.

여호와께서 이르시되 내가 너희를 사랑하였노라 하나 너희는 이르기를 주께서 어떻게 우리를 사랑하셨나이까 하는도다(말 1:2).

아들은 그 아버지를, 종은 그 주인을 공경하나니 내가 아버지일진대 나를 공경함이 어디 있느냐 내가 주인일진대 나를 두려워함이 어디 있느냐 하나 너희는 이르기를 우리가 어떻게 주의 이름을 멸시하였나이까 하는도다(말 1:6).

너희가 더러운 떡을 나의 제단에 드리고도 말하기를 우리가 어떻게 주를 더럽게 하였나이까 하는도다(말 1:7).

너희가 말로 여호와를 괴롭게 하고도 이르기를 우리가 어떻게 여호와를 괴롭혀 드렸나이까 하는도다(말 2:17).

사람이 어찌 하나님의 것을 도둑질하겠느냐. 그러나 너희는 나의 것을 도둑질하고도 말하기를 우리가 어떻게 주의 것을 도둑질하였나이까 하는도다(말 3:8).

너희가 완악한 말로 나를 대적하고도 이르기를 우리가 무슨 말로 주를 대적하였나이까 하는도다(말 3:13).

레위기의 시내 산에서 사랑의 언약을 하고 말라기까지 1000년을 사랑해 왔는데, 그 동안 한눈 팔 때마다 수많은 예언자들을 보냈었고 결국 당시에 가장 큰 제국에까지 유학을

시켜서 깨닫게 해 주었는데, 결국 돌아와서 한다는 말이 "주께서 우리를 어떻게 사랑하셨나이까?"라는 것이었다. 이 말이 하나님의 가슴을 갈갈이 찢어 버리고 마음에는 지울 수 없는 충격과 상처를 남겼다. 하나님께서는 더 이상 입을 여실 수 없으셨다. 사람들의 되받아치는 악한 질문에 침묵하시며 그렇게 400년 동안 아무 말씀을 하지 않으셨다.

주께서 어떻게 우리를 사랑하셨나이까?(말 1:2).

건조한 가시나무의 비명같이 날카로운 질문이 하나님 가슴으로 날아가고, 그리고 400년 후에 찢어진 가슴에서 피를 토해 내는 하나님의 대답이 요한복음에서 터져 나온다.

"하나님이 세상을 이처럼 사랑하사 독생자를 주셨으니 이는 그를 믿는 자마다 멸망하지 않고 영생을 얻게 하려 하심이라"(요 3:16).

메시지가 미디어가 되어

성경을 읽어 가면서 조금씩 알게 되는 것은 하나님과 사람 사이에 오가는 메시지에 수많은 감정들이 담겨 있다는 것이다. 사람이야 워낙에 생각과 감정이 수시로 변하는 존재여서 다양한 감정의 모습이 표출된다는 것에 누구도 이견이 없을 것이다. 그러면 하나님은 어떠하신가? 사랑의 하나님은 사랑으로 가득하신 것이 분명하다. 모든 것을 용서하시고 포용하시며 우주보다 넓은 큰 가슴으로 아무리 악한 자라도 모두 용서하신다고 생각한다. 그러면 지옥은 왜 만드셨을까? 그렇게 위대한 사랑의 하나님이라면 천국 규모를 크게 늘려서 모두 수용하면 되지 않을까? 영원히 고통 받는 지옥은 하나님의 사랑과는 전혀 어울리지 않으니 말이다.

사람들은 마치 장님이 코끼리 만지듯 단편적인 경험과 체험을 통해 알게 된 지극히 부분적인 하나님을 종종 주장한다. 또는 자기 취향에 맞는 성경구절 몇 개를 주문처럼 외우며 성공이라는 목적을 이루기 위한 자기최면에 사용하기도 한다.

가끔 어떤 이들은 꿈과 환상을 통해서 하나님을 만났다는 간증을 하곤 한다. 특별한 경우를 제외하고는 이런 일은 대부분 유아기처럼 어리고 미숙한 신앙을 가진 사람들에게 나타난다. 유치원에 다니는 아이들의 책은 빨갛고 노랗고 알록달록한 상징적인 그림들로 가득 차 있다. 글을 잘 모르고 문장이해력이 부족하기 때문에 직접 보고 듣고 만지게 해 주어야 하는 것이다. 그러나 대학교 다니는 형들의 교과서는 대부분 빼곡한 글들로 가득 차 있다. 화려한 효과가 없어도 글만으로 내용을 모두 이해할 수 있기 때문이다.

요한계시록을 기록한 사도 요한이 밧모섬에서 3D입체영상으로 환상을 본 것도 마찬가지다. 2,000년 전 고대인에게 현대의 핵 전쟁과 전투기들, 세계단일정부 시스템을 말로 설명하기 불가능했기 때문이다.

21세기를 살아가는 우리들은 대부분 글을 읽고 쓸 수 있을 정도의 충분한 교육을 받았고 진보된 기술의 컴퓨터 네트워크와 인터넷 환경을 날마다 경험하고 사용한다. 성경을 통해서 하나님을 알고 배워가기에 필요한 충분한 기술적 역량이 있다. 문제는 우리가 성경을 보지 않는다는 것뿐이다.

내가 성경 속에서 만난 하나님은 형이상학적인 선의를 대표하는 개념 같은 것이 아니었다. 그림 그리기를 좋아하는 나처럼 창작하는 것을 좋아하셨고, 시련에 아픔을 겪는 사람들처럼 아프게 이스라엘을 기다리셨다. 에녹과 함께 있는 것이 좋아 계속 동행하셨고, 마지막 남겨진 노아의 방주를 붙잡고 온 세상이 다 덮이도록 울어 버리셨다. 사랑하는 자를 지키려고 18만 5천 명을 하룻밤에 죽이기도 하시고, 스스로 만드신 우주의 법칙을 깨고 태양계를 거꾸로 돌리기도 하셨다. 사람을 너무나 사랑하여 사람이 되어 가난한 자와 함께 거하시고 병든 자를 고치셨다. 배고픈 무리 5천 명을 기적으로 배불리 먹이고 자신을 위해서는 돌멩이 하나도 떡으로 만들어 먹지 않으셨다. 시내 산 아래 이스라엘과의 첫사랑의 언약을 기억하심인지 땅에서의 첫 번째 기적을 가나 혼인잔치로 시작하셨다. 첫사랑을 영원히 잊지 못하시며, 잃어버린 사랑을 되찾으려 홀로 내려와 자신이 죽어 버릴 때까지 투쟁을 하셨다. 여린 인간의 몸으로 세상 모든 사람들의 슬픔을 등에 지고, 갈보리 언덕에 올라가 자신의 몸과 함께 십자가에 영원히 박아 버리셨다. 그리고 하늘로 부활 승천하신 후 남겨진 사람들을 외롭게 두지 않으시고 자신의 영인 성령을 보내 주셨다.

내가 아는 하나님의 사랑은 핑크 빛 낭만과는 거리가 멀었다. 사랑을 빼앗기지 않으려 전투와 전쟁을 마다하지 않으셨고, 수천 년간 각종 미디어를 통해 강력한 메시지를 보내셨으며, 결국 스스로 메시지를 들고 찾아오셨다. 하나님의 사랑은 인류 역사 전체를 흐르는 열정과 헌신적인 노력으로 이루어졌다.

성경은 66권의 책들로 이루어져 있다. 각 권의 책 속에는 다양한 무대공간과 주연배우들이 등장한다. 지금까지 세상 역사의 드라마는 성경의 시나리오대로 이루어져 왔다. 또한 모든 드라마 시리즈마다 총감독이신 하나님의 기획의도가 들어 있다. 역사의 무대에서 연기하는 배우들을 알아가는 것도 중요하겠지만, 무대 뒤에서 모든 것을 연출하시는 하나님의 모습을 보는 것이야말로 무엇보다 가치 있는 일일 것이다. 무대 뒤에서 웃으시고 때로는 화내시고 고함치시는 분, 고통과 아픔을 연출하기도 하시고 치유와 회복을 임하게도 하시며, 홀로 외로움 속에 거하시다가 친구의 아픔 때문에 눈물을 흘리시기도 하고 사랑하는 자들 때문에 기쁨을 이기지 못하시는 분이 하나님이시다.

66권의 책에 나타난 하나님의 모습을 한 가지씩만 정의해도 66가지의 다양한 모습으로 나타나시는 하나님을 볼 수 있다.

· 창세기 — 창조하시는 하나님
· 출애굽기 — 구원하시는 하나님
· 레위기 — 언약하시는 하나님
· 민수기 — 련하시는 하나님
· 신명기 — 설명하시는 하나님
· 여호수아 — 약속을 지키시는 하나님
· 사사기 — 판하시는 하나님
· 룻기 — 속량하시는 하나님
· 사무엘상 — 기도를 들으시는 하나님
· 사무엘하 — 감찰하시는 하나님

- 열왕기상 — 다스리시는 하나님
- 열왕기하 — 예언자를 보내시는 하나님
- 역대상 — 기억하게 하시는 하나님
- 역대하 — 회복하시는 하나님
- 에스라 — 도우시는 하나님
- 느헤미야 — 위로하시는 하나님
- 에스더 — 보복하시는 하나님
- 욥기 — 시험하시는 하나님
- 시편 — 찬양 받으실 하나님
- 잠언 — 지혜를 주시는 하나님, 지혜로우신 하나님
- 전도서 — 인생의 허무를 보여 주시는 하나님
- 아가 — 사랑의 원형이신 하나님
- 이사야 — 구원하시는 하나님
- 예레미야 — 심판하시는 하나님
- 예레미야애가 — 울고 있는 하나님
- 에스겔 — 진노하시는 하나님
- 다니엘 — 포기하지 않으시는 하나님
- 호세아 — 사랑과 질투하시는 하나님
- 요엘 — 권면하시는 하나님
- 아모스 — 공평과 정의의 하나님
- 오바댜 — 도덕적 심판을 하시는 하나님

- 요나 — 이방인을 구원하시는 하나님
- 미가 — 경제, 사회정의를 외치시는 하나님
- 나훔 — 위로, 보복하시는 하나님
- 하박국 — 응답하시는 하나님
- 스바냐 — 우주적 심판에서 숨겨 주시는 하나님
- 학개 — 책망, 격려하시는 하나님
- 스가랴 — 기억하시는 하나님
- 말라기 — 기가 막혀 말을 못하시는 하나님

- 마태복음 — 유대인의 왕이신 하나님
- 마가복음 — 섬기러 오신 하나님
- 누가복음 — 천하만민의 하나님
- 요한복음 — 초월자이신 하나님
- 사도행전 — 성령으로 임하신 하나님
- 로마서 — 믿음을 의로 여기신 하나님
- 고린도전서 — 하나 되게 하시고 은사를 주시는 하나님
- 고린도후서 — 책망, 위로하시는 하나님
- 갈라디아서 — 자유하게 하시고 섬기게 하시는 하나님
- 에베소서 — 예정, 선택하시는 하나님
- 빌립보서 — 기쁨을 주시는 하나님
- 골로새서 — 그리스도 안에 계신 하나님

· 데살로니가전서 — 다시 오실 하나님
· 데살로니가후서 — 길이 참으시는 하나님
· 디모데전서 — 교회를 세우시고 직책을 맡기시는 하나님
· 디모데후서 — 면류관을 예비하시는 하나님
· 디도서 — 교회를 거룩하게 하시는 하나님
· 빌레몬서 — 변화시키시는 하나님
· 히브리서 — 모든 것보다 우월하신 하나님
· 야고보서 — 행위를 달아보시는 하나님
· 베드로전서 — 우리의 소망되신 하나님
· 베드로후서 — 우리가 자라나게 하시는 하나님
· 요한1서 — 사랑 안에 거하시는 하나님
· 요한2서 — 이단을 경계하시는 하나님
· 요한3서 — 나그네를 섬기라 하시는 하나님
· 유다서 — 이단을 심판하시는 하나님
· 요한계시록 — 교회를 지키시고, 거룩하게 하시고, 깨우시는 하나님
세상을 최후 심판 하시고, 승리하시고,
흰 보좌심판에서 천국 지옥 판결하시는 하나님

(노우호 목사 저서 『에스라 성경통독』에서 발췌)

이처럼 하나님은 우리가 상상해서 대충 정의하고 결론 내어 만들어 버린 후 주머니 속

에 넣고 다니다가 어려울 때만 잠깐 꺼내서 하소연하듯 주문을 외우면 행운을 가져다 주는 바벨론의 장난감 신이 아니다. 완벽한 인격을 가지셨으며 사람보다 더 풍부한 감성을 지니신 분이다. 더 놀라운 것은 이러한 창조주 하나님이 피조물인 사람을 너무나 사랑하신다는 것이다. 심지어 여자의 자궁 속에서 세포분열을 일으켜 친히 사람의 아기가 되셨으며 나사렛 목수의 아들로 태어나 사람들과 함께 사셨다는 것이다.

신이
사람의 손으로 거친 나무를 다듬어 목수일을 하고
사람의 코로 갈릴리 바다냄새를 맡으며
사람의 눈으로 꽃과 나비를 바라보고
사람의 가슴으로 친구의 우정을 간직하고
사람의 입으로 하나님을 노래했다.

신의 손으로 병든 자를 일으키고
신의 발로 폭풍 이는 바다 위를 걷고
신의 눈으로 마귀와 악령들을 떨게 하고
신의 가슴으로 세상 모든 죄를 끌어안고 십자가에 올라가
신의 입으로 죄인들에게 자유를 선포했다.

사람을 너무 사랑해서 스스로 사람이 되었고

아버지를 너무 사랑해서 다시 신이 되었던

단 한 명의 완벽한 사람이자 완벽한 신이었던 갈릴리 남자

나사렛 목수 예수는 그토록 전달하려고 했던 하나님의 메시지인 하나님 자신이었다.

신의 전차

성경에는 많은 캐릭터들이 등장한다. 왕도 있고, 거지도 있고, 선한 자도 있고, 악한 자도 있다. 사람들 외에 많은 동물들도 등장하게 되는데 AD 30년경에 팔레스타인 지역에 있던 당나귀의 이야기를 해 보려고 한다.

당시에는 로마가 유럽과 중근동을 다스리며 강력한 힘을 행사하던 시대였다. 로마제국을 상징하는 막강한 힘은 누가 뭐래도 로마군단이었다. 여러 개의 군단이 있었는데, 한 개의 군단은 4,200명의 보병과 보병의 양편에는 300명의 기병이 배치되어 있었다. 적과 마주쳤을 때 기병은 적의 측면과 후방공격으로 적을 충격으로 몰아넣어 기선을 제압했다. 당시 로마는 기병을 양성할 수 있는 국가가 아니어서 지금의 프랑스인 갈리아와 알제리인 누미디아에서 좋은 말들과 기병을 수입해서 사용했다. 말은 로마군에게 반드시 필요한 병력이었을 뿐 아니라, 명예와 영광의 상징이기도 했다. 영화 "벤허"의 무대이기도 한 전차 경기장 "키르쿠스 막시무스Circus Maximus"에서 20만 명의 관중 앞에서 달리며 전차경주를 했던 것이다. "콜로세움Colosseum"에서 열리는 검투사 경기와는 달리 전차경기는 엄청난 재력이 뒷받침돼야 가능했다. 훌륭한 품종의 말을 네 마리나 먹이면서 철제마차까지 유지 관리해야 하니 많은 노예가 필요했다. 또한 훌륭한 전차 기수를 고용해 후원해야 했기에 아주 큰 돈을 가지고 있는 부유한 명문가들만 참가했다. 당시의 많은 말들은 영광의 장소 "키르쿠스 막시무스"에서 우승자를 태우고 결승점에 들어가는 꿈을 꾸었으리라. 더 빠르게 뛰고 더 강하게 성장해서 반드시 우승자의 전차를 끄는 명예로운 말이 되고 싶었을 것이다.

오늘을 사는 현대인들도 같은 꿈을 꾼다. 최대한 빨리 뛰는 연습을 하다 보면 더 큰 성공과 명예를 갖게 되는 순간이 올 것이라고 상상한다. 전차 경기장의 말들처럼 잘 뛰기 위해, 아니 뛸 수 있는 기회라도 잡기 위해 바쁘게 움직인다. 그러나 어느 순간 그들이 대면하는 것은 그동안 꿈꿔 온 슈퍼스타와는 너무나도 다른 지극히 평범한 자신이다. 그것은 충격적인 현실인 것이다.

모두가 꿈꾸는 전차경기장에서 우승자의 전차를 끌고 달리고 싶은 어린 꿈나무가 있었다. 그런데 조금씩 시간이 지나면서 알게 된 것은, 자신이 아라비아 산 품종의 명마가 아니라 팔레스타인 변두리의 작은 나귀라는 것이었다. 나귀는 상인들의 물건들과 서민들의 불쏘시개 감 장작들을 나르는 일을 했다. 조금 더 커서 어른 나귀가 되면 더 많은 양의 장작더미를 나를 수 있을 것이지만 영광의 장소 "키르쿠스 막시무스"에 들어간다든지 유명한 로마 장군을 태우고 개선문에 입성하는 명예를 갖지는 못할 것이다. 나귀는 그렇게 자신의 위치에서 하루 하루 현실의 끈에 매여 희망 없는 삶을 이어 갔다. 그러던 어느 날 특별한 심부름꾼들이 와서 끈을 풀고 나귀를 어딘가로 이끌어 갔다. 당황해 하는 나귀의 주인에게 심부름꾼들이 "주가 쓰시겠다"라고 말하자 나귀 주인은 아무 말 없이 물러났다. 나귀는 놀랐다. 지금까지 주인으로 알고 있던 사람 말고 자신의 진짜 주인이 있었던 것이다.

나귀는 진짜 주인님 앞에 당도했다. 나귀를 기다리고 있던 진짜 주인은 예수님이었다. 예수님께서 이 땅의 모든 사역을 마치시고 인류 구원의 완성인 십자가에 오르시기 위해 예루살렘에 들어가는 순간이었다. 겸손의 왕이신 예수님께서 전쟁의 상징인 말이 아닌 평화의 상징인 당나귀를 타고 예루살렘에 입성하시는 것이었다. 그렇게 당나귀는 자신이 꿈꾸던 로마의 전차가 되지는 못했지만 예수님을 태우고 구속사 완성의 순간에 쓰임 받게 되었다. 하늘을 나는 회오리 바람 속의 불병거조차도 예언자 엘리야를 태운 선지자의 전차였지만, 팔레스타인 먼지투성이 당나귀는 거룩한 창조주를 태운 신의 전차가 되었다.

지금도 세상 많은 미디어들은 꿈과 성공의 땅 "키르쿠스 막시무스"를 외쳐댄다. 셀 수

없이 많은 연예 경연 프로그램, 각종 학력과 경력의 경쟁구도 속에서 오직 극소수의 성공자만 피라미드 꼭대기에 앉아 꿈을 이룬다. 그러나 성경이 말하는 것은 우리가 어느 위치에 있든지 어떤 모습이든지 우리의 진정한 주인 예수님의 부르심을 받고 그분을 등에 태우면 소망 없어 보이는 일상의 한걸음이 천성을 향한 영광의 행진이 된다는 것이다.

무한의 주인

에덴동산에서 사람이 하나님과의 약속 대신 자신의 욕망을 선택해 버린 후에 하나님과 사람의 관계는 깨어졌다. 사람은 죄로 오염된 눈 때문에 더 이상 하나님을 볼 수도 만질 수도 가까이 갈 수조차 없었다. 많은 선지자와 예언자가 사람들에게 보내심을 받았지만 볼 수 없는 하나님을 알리기는 너무나 힘들었다. 그래서 보이는 하나님, 만질 수 있는 하나님, 함께 배고픔과 목마름을 경험하고, 함께 죽음과 부활까지 경험할 수 있는 하나님이 나사렛 예수의 이름으로 오셨다. 평생 불완전한 지식을 가지고 살면서 제한된 수명을 살아가는 사람들이 드디어 하늘에 올라가지 않아도 눈앞에서 땅을 걸어 다니는 하나님을 만나게 된 것이다. 특별히 가까이서 예수님과 3년을 동행했던 제자들은 날마다 하나님을 가까이 하며 하나님의 체온까지 알아가게 되었다. 제자들은 예수님을 "주님"이라고 불렀다. 신약성경에는 예수님을 부르는 호칭인 "주님"이라는 단어가 수없이 나온다. 무엇의 주인이라는 말인가? 당시 이스라엘이 있던 중근동 지방에서는 노예제도가 있었기에 "주인님"이라는 표현이 상투적일지 모른다. 그러나 사람이 사람을 주인님이라고 부르는 것과 사람이 하나님을 주인님이라고 부르는 것은 분명히 다를 것이다. 왜 다르고 어떻게 다른지 알고 싶어서 나도 성경 속으로 들어가 수많은 군중 속에서 제자들과 함께 나사렛 예수를 따라갔다.

예수께서 공생애를 시작하시고 처음 기적을 일으키신 곳은 물을 포도주로 바꾼 가나의 혼인 잔치였다. 물의 화학 구성은 H2O이고, 포도주의 화학 구성은 C2H5OH이다. 물은 자연적으로 포도주로 변할 수 있는 가능성이 전혀 없음에도 불구하고 예수님이 원하시자 물질의 분자구조가 바뀌었다. 다섯 개의 보리떡과 두 마리의 물고기로 5천 명이 먹고도 남았던 기적에서는 질량보존의 법칙을 뛰어넘어 같은 공간에서 같은 시간에 아무 이유 없이 사물의 질량이 1,000배 이상으로 늘어나 버렸다. 예수께서는 세상의 모든 물질의 질과 양을 바꾸시고 결정하시는 "물질의 주인"이시다.

가나에서 두 번째 기적이 있었는데 왕의 신하의 아들을 고쳐 주신 치유의 기적이었다. 당시 왕의 신하의 아들은 갈릴리 가버나움에서 병들어 죽게 되었는데, 가버나움은 가나에서 약 32킬로미터 정도 떨어져 있었다. 상당히 먼 거리임에도 불구하고 왕의 신하는 가나의 예수님께 와서 아들을 고쳐 주시기를 부탁했다. 그러자 예수께서는 가버나움에 가지도 않으시고 "네 아들이 살았다"고 말씀하셨다. 나중에 왕의 신하가 확인한 것은, 예수께서 "네 아들이 살았다"고 말씀하신 정확한 시간에 아이가 병이 나은 것이었다. 예수께서는 거리와 공간을 초월하셔서 역사하시는 "공간의 주인"이시다.

예루살렘에 있는 양문 곁에 베데스다 연못에는 수많은 병자들이 즐비했다. 가끔 천사가 내려와 물을 요동하게 할 때 가장 먼저 들어가는 자는 병에서 낫게 되기 때문이었다. 병자 중에 38년 된 자가 있었는데 그는 물에 뛰어들기는커녕 이미 스스로의 힘으로 움직이기도 힘든 자였다. 그러나 예수께서 "일어나 네 자리를 들고 걸어가라" 하시니 38년간 병에 묶여 누워 있던 자가 일어났다. 질병 속에서 멈춰 버린 시간이 38년 만에 다시 흐르기 시작한 것이다. 예수께서는 원하시면 우리의 시간을 멈추게도 하시고 다시 흐르게도 하시는 "시간의 주인"이시다.

오병이어의 기적 이후에 예수님은 제자들을 배에 태워 먼저 건너편으로 보내셨다. 날이 저물어 배가 바다 가운데 있고, 예수는 홀로 뭍에 계시다가 바람이 강하게 일어 제자들이 힘들게 노 젓는 것을 보시고 바다 위를 걸어 제자들에게 가시니 바람이 그쳤다. 예수께서는 물 위를 걸으시며 폭풍 이는 바다와 강한 바람을 잔잔케 하심으로 대자연을 주장하시는 "자연법칙의 주인"이시다.

예수께서 길을 가시다가 날 때부터 소경 된 사람을 보시고 땅에 침을 뱉어 진흙을 이겨 눈에 바르신 후에 실로암 못에 가서 씻으라고 하시니 가서 씻고 밝은 눈으로 돌아왔다. 어떤 어두운 운명을 가진 자라도 예수님을 만나면 새로운 운명이 열리게 됨을 보여 주셨다. 예수님은 "운명의 주인"이시다.

예수께서 사랑하시는 친구 나사로가 죽은 지 나흘이 지나서 썩는 냄새가 날 지경이었다. 나사로의 가족과 친구들의 슬픔을 보면서 예수께서도 마음 아파하시며 불쌍히 여겨 눈물을 흘리시며 분통해 하셨다. 하나님을 닮게 만든 하나님의 형상들이 죄 때문에 고통과 죽음 앞에 무너져 있었기 때문이다. 예수께서는 먼저 아버지 하나님께 감사기도를 하시고 죽은 나사로를 향해 "나사로야 나오라"고 외치셨다. 그러자 나사로가 살아나서 걸어 나왔다. 생명의 주관자이신 예수님이 원하시면 죽어 버린 몸에도 생명이 용솟음쳤다. 예수님은 "생명의 주인"이시다.

나는 부활이요 생명이니 나를 믿는 자는 죽어도 살겠고 무릇 살아서 나를 믿는 자는 영원히 죽지 아니하리니 이것을 네가 믿느냐(요 11:25-26).

예수께서 십자가에 달려 죽으시고 부활 승천하심으로 이 땅에서 육신으로 사신 삶을 마치셨다. 모든 제자가 순교하고 마지막 남은 요한만이 밧모섬 채석장에서 계시록의 환상을 보며 다시 오시는 예수님을 보았다.

또 내가 하늘이 열린 것을 보니, 보라 백마와 그것을 탄 자가 있으니 그 이름은 충신과 진실이라. 그가 공의로 심판하며 싸우더라(계 19:11).

십자가를 지러 예루살렘에 들어가실 때는 겸손의 왕으로 나귀를 타셨지만, 장차 하늘이 열리고 백마를 타고 오실 때의 예수님은 온 세상을 공의로 심판하러 오시는 "심판의 주인"이시다.

그 눈은 불꽃 같고 그 머리에는 많은 관들이 있고 또 이름 쓴 것 하나가 있으니 자기 밖에 아는 자가 없고(계 19:12).

불꽃같은 눈으로 세상이 떨게 하실 것이고 수많은 영광의 면류관을 쓰시며 자기 밖에 모르는 이름을 가진 분이신 예수님은 영원한 "영광의 주인"이시다.

또 그가 피 뿌린 옷을 입었는데 그 이름은 하나님의 말씀이라 칭하더라(계 19:13).

인류의 모든 역사 속에서 그토록 사람들을 사랑하셔서 자기 자신의 핏값으로 죄인들을 구원하신 예수님의 이름은 하나님의 말씀이었다. 예수님이야말로 "말씀의 주인"이시다.

하늘에 있는 군대들이 희고 깨끗한 세마포를 입고 백마를 타고 그를 따르더라(계 19:14).

땅에서는 가난하고 병들고 약한 자들과 함께 계셨지만 인류 역사의 종말에 벌어지는 전쟁을 치르실 때는 장엄한 하늘의 군대들을 이끄시는 "천군의 주인"이시다. 예수께서 잡히시던 밤에 베드로가 예수님을 보호하려 검을 꺼내 들고 맞서려 하자 예수께서 가로막으시며 "내가 내 아버지께 구하여 지금 열두 군단 더 되는 천사를 보내시게 할 수 없는 줄로 아느냐?"고 말씀하셨다. 천사의 한 군단이 몇 명인지는 알 수가 없다. 단지 계시록 5장 11절을 보면 천사의 수가 "만만이요 천천이라"고 기록되어 있다.

그의 입에서 예리한 검이 나오니 그것으로 만국을 치겠고 친히 그들을 철장으로 다스리며 또 친히 하나님 곧 전능하신 이의 맹렬한 진노의 포도주 틀을 밟겠고(계 19:15).

땅에서 고난을 당하실 때 털 깎는 자 앞의 어린 양같이 잠잠하셨던 그의 입에서 심판의 날에는 날카로운 검이 나와서 바벨론 문화로 가득 찬 세상의 모든 국가와 정권을 치실 것이고 악한 자들을 포도주 틀에 넣고 밟아 진노의 복수를 하실 무서운 "파멸의 주인"이시다.

그 옷과 그 다리에 이름을 쓴 것이 있으니 만왕의 왕이요 만주의 주라 하였더라(계 19:16).

인류 역사에 수많은 권력자들과 힘을 가진 자들이 스스로를 높여 왕이라고 부르고 세상을 자기 마음대로 조종한다고 생각하고 있지만 그들의 악한 세상 권력도 잠시 허락된 것일 뿐 진정한 왕은 오직 하늘의 예수님뿐이므로 예수님이야말로 모든 "왕들의 주인"이시다.

우리가 이렇게 성경의 여러 곳에서 예수님의 모습을 살펴보면서 그분이야말로 전능하신 "무한의 주인"이시며 하나님이심을 알게 되었다. 그러나 여기에서 멈춘다면 예수님과 우리는 아무런 관계가 없다. 성경에도 이 부분에 관한 언급이 있다.

"네가 하나님은 한 분인 줄 믿느냐, 잘하는도다 귀신들도 믿고 떠느니라"(약 2:19).

하나님의 크신 능력은 마귀들도 믿고 떠는 것이기에 우리에게는 분명히 마귀들의 믿음과는 다른 믿음이 필요하다.

열두 제자 중 도마는 수많은 예수님의 기적을 직접 경험했고, 그분이 하나님이라는 사실을 알았지만 실망 가득한 현실을 직시하고 있는 자기 자신과는 연관이 없는 분 같이 느끼고 있었다. 다른 친구들은 모두 만났다는 부활하신 예수님도 자기만 보지 못했기 때문에 절대로 오지 않을 것 같은 밝은 내일을 아쉬워하며 한탄 섞인 절망의 말을 뱉어냈다.

"내 손가락을 그 못 자국에 넣으며 내 손을 그 옆구리에 넣어 보지 않고는 믿지 아니하겠노라"(요 20:25).

그로부터 8일 후에 제자들이 다시 집 안에 있을 때 도마도 함께 있고 문들이 닫혔는데 예수께서 오셔서 가운데 서시고 도마에게 말씀하셨다.

"네 손가락을 이리 내밀어 내 손을 보고 네 손을 내밀어 내 옆구리에 넣어 보라. 그리하여 믿음 없는 자가 되지 말고 믿는 자가 되라"(요 20:27).

예수님의 말씀은 8일 전에 도마가 말했던 표현을 그대로 대답하신 것이었다. 절망의 말을 했던 그 순간에도 예수님은 도마를 보고 계셨고 듣고 계셨다. 그리고 대답을 주시러 친히 오셔서 손과 옆구리를 보여 주셨다. 예수님이 도마에게 원하셨던 믿음은 자신이 전능한 무한의 주인이라는 것을 믿으라는 것이 아니었다. 무한의 주인인 자신이 도마를 항상 지켜보고 있고 도마의 마음을 알고 있으며, 무엇보다도 도마를 사랑한다는 것을 믿으라는 것이었다.

그러자 도마는 사람이 하나님께 보내는 가장 아름답고 위대한 메시지를 보냈다.

도마가 대답하여 이르되 나의 주님이시요 나의 하나님이시니이다(요 20:28).

무한의 주인이 땅에 내려와 손에 못 자국과 옆구리에 창 자국을 가지고 나무에 매달려 죽은 것은 바로 나의 주인이 되기 위해서였다. 내가 욕심 때문에 죄에게 팔아 버린 내 영혼의 죗값을 치르기 위해서였다. 예수님이 그토록 날 사랑하심을 믿는다면 지금 "무한의 주인"이신 예수님은 "나의 주인"이 되신다.

세상은 무엇을 기대하든지 그 이상을 보게 된다고 말한다. 그러나 무한의 주인이신 예수께서는 네가 (하나님의 사랑을) 믿으면 하나님의 영광을 보리라고 말씀하셨다.

대충돌

하나님이 이 땅에 사람이 되어 오셨던 그 시기는 로마제국이 세계를 지배하던 시기였다. 그 시기 전후로 세상은 세계역사를 움직이던 제국들이 뜨고 지는 대격변의 소용돌이가 일어났다. 선지자 요나가 가서 회개하라고 외쳤던 제국 아시리아는 저물고 120미터 높이의 성벽 규모의 바벨론 제국이 올라가고, 바벨론 성이 무너지고 고레스 왕의 페르시아가 온 땅을 덮었다가, 마케도니아의 알렉산더가 그리스 제국을 세운 후에 분열되자 최강의 로마 제국이 일어났다. 바로 이 로마제국이 일어난 직후에 역대 모든 제국들의 흥망성쇠보다 더 크고 엄청난 충돌이 보이지 않게 일어난다. 그것은 육체와 지성과 영성의 충돌이다.

당시 로마는 육체의 힘과 권력으로 세상을 지배하고 있었다. 한편 그리스의 인본주의 철학사상은 세계를 아우르는 정신적 지주로 자리잡았고, 마지막으로 로마의 지하 카타콤에서는 하나님을 믿는 히브리인들이 목숨을 건 영성인 순교의 신앙을 지켜 나가고 있었다. 로마의 육체적 힘과 향락주의가 가장 강한 것 같았지만, 점차 우월하고 고상한 그리스의 철학사상이 로마인들에게 유행하게 되었고, 그리스 여러 학파 중에 하나에 속하는 것이 로마인들에게 자존심이 되어 버렸다. 그러나 그토록 탄압하고 억압했던 히브리인의 종교는 결국 313년 지하 카타콤에서 올라와 로마의 국교가 되었다. 그렇게 로마의 완벽한 힘이 위대한 사상의 지배를 받았고, 위대한 사상은 죽음을 초월한 신앙에 의해 변화되었다. 몸을 지배하는 정신, 정신을 지배하는 영혼, 영성의 승리였다. 이 충돌 사건을 통하여 많은 정치가와 종교인들과 악한 영들까지도 중요한 교훈을 얻었다. 영을 지배하는 자가 모든 것을 지배한다는 원리를 배운 것이다.

이 충돌의 사건 후로 악한 영들은 고차원적인 방법으로 사람들의 영혼을 공격하기 시작했다. 교회 밖의 핍박과 유혹을 이용하기보다 교회 안에 들어가 비틀어진 영의 메시지를 적당히 섞어서 종교통합을 시도했다. 바벨탑을 만든 니므롯에서 시작되어 이집트와 바벨론을 거쳐 그리스 땅에 가득한 신전들에 서 있는 온갖 난잡한 여신과 귀신들을 성모와 성자들의 이름으로 교회로 끌고 들어왔다. 그렇게 로마교회는 바벨론 다곤신 제사장들의 직제를 따라 추기경과 주교제도를 만들고 하나님의 지상통치 대리자 명분으로 교황을 예수님의 자리에 올려 버렸다. 대충돌의 교훈을 따라 영혼을 앞세우는 종교를 이용하여 유럽 왕들의 권력을 통치했으며, 그 왕들의 권력을 이용하여 수많은 무고한 사람들을 십자군 전쟁 속에 끌어들여 예수님의 이름을 팔아 학살했다. 누울 곳조차 없던 예수님과는 달리 왕궁보다 화려한 거대 건축물과 통치도시를 성전이라는 이름으로 끝없이 쌓아 올렸다. 타락은 극에 달해서 천국 가는 면죄부를 돈 받고 팔아 막대한 부를 챙기고 더 많은 타락 자금으로 썼다. 하나님이 그토록 미워하시던 인신공양제사, 어린아이를 불태워 몰렉(Molech)에게 바치는 제사를 재현해서 마녀 사냥의 이름으로 수많은 소녀들을 불태워 죽이는 문화가 유럽에 가득 찼다. 그렇게 교회는 니므롯의 바벨론 제국이 되어 버렸고 이 모든 것은 고차원적이고 신사적인 종교통합의 힘에서 시작되었다. 종교가 통합되면 경제와 문화가 통합되고 뒤이어 정치가 통합된다.

2013년을 사는 오늘 대대적인 세계종교통합의 소식을 우리는 다시 듣고 있다.

미술의 타락 대성당

AD 590년 최초의 교황이 다곤신 제사장 유니폼을 입고 땅 위에 신의 대리자로 군림하면서 중세유럽은 1517년 종교개혁이 일어날 때까지 천 년간 캄캄한 암흑기로 들어간다.

종교와 권력이 끝없는 암투와 전쟁을 일으켜 죽고 죽이기를 반복하는 동안, 예술 분야는 선배 건축가들인 고대 바벨론의 석공, 메이슨들을 본받아 독자적인 생존의 길을 찾아 나섰다. 생존의 열쇠는 대성당이었다. 고대로부터 내려오는 신전사업, 대성당 사업은 마르지 않는 돈이 흘렀다.

오늘날 대통령의 권력은 5년에 불과하다. 권력의 자리에서 내려오자마자 불행해지는 것을 자주 보게 된다. 그러나 재벌들이 가진 돈의 힘은 권력보다 오래가고 몇 대를 이어져 지속되는 경우가 많다. 유럽의 왕가들은 흥망성쇠를 계속했지만 대성당은 몇 백 년이 지나도 계속해서 건축이 진행되었다. 왕이 바뀌고 통치세력이 변해도 교황은 변함없이 더 많은 대성당 건설 사업을 지속시켰다. 서민들에게서 갈취한 돈과 각종 전쟁에 희생된 사람들의 핏값으로 대성당과 궁전들은 더욱 화려하고 높이 올라갔다. 최고의 석공들과 미술가들은 자신의 재능과 기술을 대성당 사업에 사용하고 안정적인 직장과 높은 연봉을 보장 받았다. 석공들은 그들만의 네트워크를 만들어 고급 정보를 공유하고 생존을 위해 비밀 결사를 만들었다. 성당 사업이 진행되는 도시와 국가들을 제약 없이 다니며 많은 돈을 받고 통치 집단이 원하는 것을 충실히 만들어 냈다. 그렇게 통치 집단은 예술가들을 이용해 자신들의 권위와 돈벌이의 상징인 대성당을 수없이 만들어 갔다. 교황의 미디어 대성당은 예술가들이 만든 온갖 사치스러운 공예품들과 바벨론 여신 스타일의 신상들로 가득 차게 되었다.

오늘날에도 각종 미디어에서 쏟아져 나오는 콘텐츠들을 만들기 위해 얼마나 많은 엔지니어, 프로그래머, 예술가들이 모여서 최선을 다하는지 모른다. 더 화려하고 멋진 콘텐츠를 만들기 위해 모든 수고를 마다하지 않는다. 그러나 정작 그 콘텐츠가 가진 메시지의 근본이 어디서 온 것인지는 아무도 상관하지 않는다. 안정된 직장과 높은 연봉이 보장되면 평생을 일할 것이기 때문이다.

"스파이더맨Spider Man"과 "배트맨Betman" 등 수많은 코믹 북 속의 영웅들은 그리스 신화의 신들을 재현한 것이며 작가들은 유럽의 오컬트 주술에 심취해서 스토리의 영감을 받는다. 그리스 신화의 신들은 결국 바벨론의 니므롯에게서 기인한다. 각종 환타지 온라인게임 제작자들은 모든 자료를 그리스 신화와 유럽 오컬트 주술 그림책을 참고해서 만든다. 이 또한 결국 각종 바벨론 신들을 재현하는 것이다. 얼마 전 시청 앞 광장에서 했던 싸이의 콘서트에서 30,000개의 싸이 앨범이 무료로 배포되었다. 수만 명이 들고 흔드는 앨범의 자켓에는 고대 이집트의 신 호루스Horus의 눈을 연상시키는 눈이 그려져 있다. 또한 씨디 디자인에는 싸이의 하반신이 인어로 되어 있는 모습이 나타나 있다. 이것은 마치 바벨론의 물고기신 다곤신을 그대로 표현해 놓은 듯하다. 우리를 둘러싼 모든 대중 미디어 콘텐츠들은 영적인 근본 메시지를 가지고 있으며 대부분이 고대 바벨론에서 온다. 영적인 메시지가 없으면 미디어에 힘이 없어진다. 그것이 요즘 많은 가요콘서트와 공연들이 종교의식처럼 변해 가는 이유다. 육체와 정신을 지배하려면 영을 지배해야 한다. 영이 가장 강하며 가장 큰 카리스마가 있다. 현대의 대중문화의 지배자 마귀는 이것을 너무나 잘 알고 어둡고 영적인 콘텐츠를 만들어 영혼을 사고 팔고 있다.

중세부터 지금까지 예술가들이 물건을 훔치거나 사회적으로 나쁜 행동을 해서 문화가 영적으로 타락했던 것이 아니다. 성경에 한 달란트 받은 종이 주인을 위해 재능을 사용하지 않자 하나님께서 악하고 게으르다고 책망하셨다. 예술가들이 하나님을 무시하고 단지 스스로의 유익을 위해 재능을 사용하는 것은 하나님께서 창조하신 본래의 목적대로 삶을 살지 않는 것이고, 그것을 성경은 타락이라고 한다.

헬레니즘으로 떠나다

중세교회가 신의 이름을 팔아서 부와 권력을 유지하고 평민들을 착취하는 일이 천 년간 계속되자 사람들은 종교를 가지고 군림하는 신에게 염증을 느끼게 되었다. 모든 것을 다 바치라는 무조건적인 희생만 강요하는 신보다는 차라리 인간적인 정이 남아 있는 사람이 낫다는 생각을 하게 되었다. 그렇게 사람 중심의 문화혁명 르네상스Renaissance가 일어났다. 르네상스 이후, 세상 모든 문화의 주도권은 신본주의인 헤브라이즘Hebraism에서 인본주의인 헬레니즘Hellenism으로 넘어갔다. 마르틴 루터Martin Luther가 종교개혁을 일으킨 것도 르네상스와 비슷한 시점이었는데, 르네상스와 종교개혁을 잘 살펴보면 숨가쁜 영적인 싸움이 보인다. 중세 천 년을 신의 이름으로 교회가 죄악을 저질러 왔는데 하나님의 약속을 기억하고 성경을 제대로 가르치는 사람이 없으니 하나님의 메시지가 전달될 방법이 없었다. 메시지 전달할 미디어가 전혀 없었던 것이다. 마침내 천 년만에 마르틴 루터가 하나님 앞에 바로 서서 성경을 붙잡기 시작하자 드디어 루터를 통해 하나님의 심정이 터져 나오고 종교개혁이 시작되었다. 종교개혁이 일어나 유럽이 대각성에 들어가려 하자, 악한 영들은 바로 르네상스를 일으켜 인간의 삶에서 신의 자리를 없애 버리는 혁명을 전개한다. 종교개혁보다 더 크고 강한 르네상스의 물결이 유럽을 덮게 된다. 그러자 하나님께서는 르네상스의 가장 큰 원동력 중 하나인 인쇄술을 이용하셨다. 구텐베르크Johannes Gutenberg의 금속활자를 통한 출판의 힘으로 소수의 성직자만 접할 수 있었던 하나님 말씀인 성경을 무수히 인쇄해서 인본주의 파도 위에 실어서 온 세상에 보내셨다. 오늘날까지 세상의 역사와 문화는 하나님과 사탄의 숨막히는 영적인 전투이다. 사탄의 침공은 언제나 거대한 규모의 사회적인 운동으로 시작되었고 하나님의 역사하심은 하나님을 기억하고 사랑하는 남겨진 한 사람으로부터 시작된다.

마치 탕자가 아버지 속을 썩이다가 아예 집을 나가버리듯, 르네상스를 통해서 대부분의 예술이 그렇게 헬레니즘으로 떠났다. 그나마 아버지 곁에 남은 것은 탕자의 형과 같은 레위 지파뿐이었다. 레위는 찬양을 담당하는 지파였다. 다행이 많은 예배와 크리스천의 모임들에서 음악은 하나님을 찬양하는 도구로 제 역할을 감당하고 있다. 때가 이르면 탕자가 돌아오는 것처럼, 모든 예술이 원래의 목적으로 돌아와 장르를 넘어 하나님을 찬양하고 성경을 흠모하는 시간이 오기를 바란다. 그런데 성경은 이미 때가 되었고 지금이 돌아갈 때라고 말한다.

아버지께 참되게 예배하는 자들은 영과 진리로 예배할 때가 오나니 곧 이 때라. 아버지께서는 자기에게 이렇게 예배하는 자들을 찾으시느니라. 하나님은 영이시니 예배하는 자가 영과 진리로 예배할지니라(요 4:23-24).

역사에 나타난 영적인 싸움들처럼 문화사역은 가장 표면적으로 나타나는 싸움의 결과들이다. 대충돌의 교훈을 기억해야 한다. 문화사역의 열쇠는 문화사역이 아니다. 더 나은 장비와 더 큰 문화공간 또는 유능한 예술가들을 참여시켜서 전쟁을 해서는 안 된다. 그것은 다윗이 입었던 사울의 갑옷이다. 문화사역의 성공은 문화를 빼고 말씀을 넣는 것이다. 다윗은 모든 것을 벗어 버리고 여호와의 이름을 가지고 전쟁에 나갔다.

다윗이 블레셋 사람에게 이르되 너는 칼과 창과 단창으로 내게 나아 오거니와 나는 만군의 여호와의 이름 곧 네가 모욕하는 이스라엘 군대의 하나님의 이름으로 네게 나아가노라(삼상 17:45).

우리 손에 들어야 할 것은 각종 미디어의 기술이 아니라 다윗이 들었던 조약돌과 같은 원시복음이다. 유투브와 페이스북을 뒤지는 것이 아니라 수천 년 전에 파피루스 종이와 양피지에 기록되어 내려온 영원한 하나님의 심정을 찾아야 한다. 문화사역은 환영과 같다. 하나님의 은혜를 반영하는 반사된 빛과 같다. 먼지도 빛을 받으면 반짝이듯 우리도 하나님의 은혜를 받아서 우리가 가진 것으로 작은 빛을 발하는 것이다. 먼지도 반짝이는 반사광도 모두 작은 환영일 뿐이다. 빛의 실체는 오직 하나님 한 분뿐이다. 모든 문화사역은 환영이며 실체는 성경뿐이다. 모든 싸움의 근본은 문화와 권력구조에 있는 것이 아니라 영의 세계에 있다. 문화사역을 이끌어야 하는 것은 문화사역자가 아니라 순수 복음주의자들이다. 수시로 변하는 문화와 미디어에 영향을 받지 않고 굳건한 믿음과 보혈의 능력 위에 우뚝 서서 날마다 자기를 말씀 앞에 쳐서 복종시키려 몸부림치는 순수복음주의자들 외에는 문화전쟁에서 이길 힘은 어디에도 없다. 먼저 영적인 전쟁에서 승리하면 잃어버린 크리스천 문화들이 돌아올 것이다.

우리의 씨름은 혈과 육을 상대하는 것이 아니요 통치자들과 권세들과 이 어둠의 세상 주관자들과 하늘에 있는 악의 영들을 상대함이라(엡 6:12).

가상현실의 문

중세를 지나 세계가 근대 산업시대로 들어서면서 기술의 발전이 가속화되기 시작했다. 무수한 공장들과 각종 기계를 가동시켜 기본적인 산업의 토양인 전기와 에너지를 공급하기 시작했다. 산업사회의 엔진을 돌려 전 세계를 네트워크로 연결하는 인터넷 기술이 가능해지고 수많은 정보들을 주고 받는 정보화 시대로 돌입했다. 0과 1을 구분할 정도였던 초기의 정보량은 기하급수적으로 늘어나 다양한 대중문화를 표현하고 꽃피우기에 부족함이 없는 환경을 만들었다. 전 세계가 인터넷 미디어를 기반으로 하는 문화의 시대로 들어선 것이다. 그리고 문화를 통한 메시지를 받는 것에서 그치지 않고 직접 메시지를 만나서 체험하는 접신의 세계로 들어간다. 들어가는 문의 이름은 가상현실이다.

지금까지 모든 예술공연들의 주인공은 공연자들이었다. 오케스트라 공연을 상상해 보자. 언제나 공연의 주인공은 바이올린 연주자이고 관객들은 영원한 조연이었다. 그런데 어느 날 공연장에서 바이올린 연주자가 바이올린을 들고 관객에게 내려와 넘겨주며 말한다.

"이제 당신 차례요. 앞에 무대가 있으니 당신이 주인공이요."

게임 미디어는 관객을 객석에서 끌어 와 주인공의 무대에 세운다. 게임 콘솔 하나와 적당한 소프트웨어만 준비되면 관망하는 위치에 있어야 할 관객이 당장에 수많은 군중의 함성을 들으며 무대에 서는 뮤지션이 된다. 버튼 하나만 누르면 전쟁의 신이 되어 광활한 전장의 한 가운데 선다. 현실에서는 무능한 백수일지라도 가상현실의 세계에 들어가면 영웅이 되고 세상을 구하는 구세주가 된다. 가상현실은 언제나 현실보다 매력적이다. 화려하고 아름답고 선정적이며 흥미로운 요소들로 가득 차 있다. 무엇보다도 부담이 없다. 십자가를 통해 좁은 길로 하나님께 나아가는 것은 보이지도 않는 것을 믿는 힘겨운 믿음이 필요하지만, 가상현실의 세계로 들어가는 길은 클릭 한 번이면 가능한 넓은 길이다. 죄 사함의 고

백도 거듭남의 진통도 겪을 필요가 없다.

좁은 문으로 들어가라. 멸망으로 인도하는 문은 크고 그 길이 넓어 그리로 들어가는 자가 많고 생명으로 인도하는 문은 좁고 길이 협착하여 찾는 자가 적음이라(마 7:13-14).

끝없이 계속되는 재미를 선택하기 위해 애니팡을 할 것인가? 내 삶의 진정한 의미를 찾아 성경을 읽을 것인가? 성경과 역사 속 무수한 기록들처럼 오늘도 우리의 손 끝에서는 영혼을 건 숨가쁜 선택의 전투가 시작된다. 악한 영들은 언제나 대규모 사회현상과 유행을 이용한다. 주변의 모든 카톡 친구들이 애니팡을 하고 있다. 그러나 성경은 기도하라고 한다. 심지어 쉬지 말고 기도하라고 한다.

가상현실의 세계는 지금은 멀리 있지만 언젠가는 다가올 미래의 세계가 아니다. 장자에 나오는 유명한 우화 "나비의 꿈"을 보면, 어느 날 꿈에서 장주가 나비가 되어 한참을 날아다니다가 꿈을 깨어 보니 자신은 나비가 아니라 장주였다. 장주가 꿈에서 나비가 되었는지, 아니면 나비가 꿈에서 장주가 되었는지 분간할 수가 없었다. 분명한 것은 더 많은 시간을 투자한 쪽이 현실이라는 것이다. 장주가 나비보다는 사람으로 시간을 더 많이 보냈다면 그는 사람인 것이고, 사람보다 나비로 보낸 시간이 많다면 그는 나비인 것이다.

우리는 더 많이 접한 메시지에서 더 많은 영향을 받는다. 하루 24시간 중에서 1시간 동안 게임을 하면 하루 중 게임은 한 시간이 되고 현실은 게임보다 큰 비중을 차지하는 23시간이 된다. 그러나 24시간 중에서 12시간 이상 게임을 하게 되면 하루 중 게임이 차지하는 비중이 하루의 절반이 넘게 되어 현실보다 커지게 된다. 게임과 현실이 뒤바뀌어 무엇이 현실인지 구분할 수 없게 된다. 더 많은 시간을 투자한 쪽이 현실이 되기 때문이다. 가상현실 세계를 현실로 인식해 버리면 가상현실 속 캐릭터를 돌보는 것이 현실에서 어린 자녀들을 돌보는 것보다 중요해지고, 가상현실 속 아이템을 분실하거나 도난 당하게 되면 현실에서 주저 없이 사람을 죽이기도 한다. 무엇보다도 가상공간의 폭력적이고 자극적인 신들과 자주 접촉하다 보면 현실에서 하나님을 인격적으로 만날 시간도, 만나고픈 열망도 사라져 버린다.

가상현실을 통하면 눈을 감고 수고로운 묵상과 기도를 하지 않아도 원하는 신세계로 들어갈 수 있다. 누구에게나 열린 문, 작은 핸드폰 아이콘으로도 열 수 있는 가상현실의 넓은 문이 게임이라는 이름으로 우리 앞에 있다.

3

게임미디어 메시지

V.i.s.u.a.l W.o.r.s.h.i.p

세계통합 문명

세계 비디오 게임 산업에서 3대 거장으로 불리는 이들은 갓게임God Game의 창시자 피터 몰리뉴Peter Molyneux, 심시티Simcity를 만든 윌 라이트Will Wright, 문명Civilization 시리즈의 시드 마이어Sid Meier이다. 시드 마이어는 캐나다 온타리오ontario 출신의 게임 프로그래머이자 게임 디자이너이다. 그가 만들어 낸 수많은 대작 게임들 중에 단연 최고라고 말할 수 있는 게임은 1991년에 처음 출시되고 이후에 많은 후속작이 나온 "문명" 시리즈이다. 수백만 장의 판매고를 올린 이 게임은 턴제 전략 게임turn-based strategy game이다. "게임은 흥미로운 선택의 연속"이라는 그의 모토와 같이 "문명"을 플레이 하는 게이머들은 원시 문명에서 시작하여 현대와 미래 문명에 이르기까지 다양한 선택을 해 가면서 게임을 진행시킨다. 자신의 부족이나 국가를 만들어서 이웃국가들과 무역을 하며 경제를 번영시킬 수도 있고, 강압적인 방법으로 이웃국가의 자원과 영토를 빼앗을 수도 있다. 중요한 것은 게임의 막바지에 이르게 되면 게이머는 전에 없던 세계적인 위대한 문명을 이룩하게 되고, 세계를 통합하여 새로운 세계질서를 만드는 장본인이 된다. 세계를 가장 효율적으로 통치하기 위해서 초기에는 외교를 이용하지만 결국 강력한 힘으로 정치와 경제 문화를 통일하는 것이 정설임을 가르치는 교과서와 같은 게임이다.

나는 시드 마이어가 계시록의 적 그리스도 정권의 세계통합 메시지를 암시적으로 주입하는 음모를 꾸민다는 얘기를 하는 것이 아니다. 시드 마이어는 누구도 부인할 수 없는 위대한 게임산업의 거장이고 천재적인 능력을 가진 게임기획자이다. 그러나 현 시대의 문화를 대변하는 대표적인 대중문화의 큰 흐름인 게임 미디어에는 시대의 문화적 코드가 들어 있다.

이러한 메시지들은 마치 예방주사와 같다. 나중에 더 크고 실제적인 계시록의 사인들이 우리 앞에 나타날 때 우리를 잠에서 깨지 못하게 하는 예방주사이다. 이미 게임을 통해서 미래의 정치와 경제를 스스로 경험해 봐도 세계는 강력한 한 세력에 의해 통합된다는 것을 사람들은 배운 것이다. 그러므로 마지막 때에 적 그리스도가 등장해서 세계정부를 만들고 경제와 종교가 통합되어 갈 때도 사람들은 거부감 없이 받아들이게 될 것이다. "2012"라는 재난영화 속의 수백 미터 높이 쓰나미가 히말라야 산맥을 덮는 것을 사람들은 미리 봤기 때문에 2011년 3월에 일본을 덮친 15미터의 쓰나미의 충격을 생각보다 심각하지 않게 받아들이고 쉽게 잊었다. 최근 많은 헐리우드 미디어들이 유에프오UFO가 날아와서 강한 빛과 함께 수많은 사람들을 납치하는 내용을 쏟아낸다. 그것은 언젠가 종말의 때에 예수님의 재림사건이 일어나도 동요함 없이 세계정부를 중심으로 힘을 합해서 하늘에서 내려오는 공공의 적(하나님)과 싸우면 된다는 암시를 주는 것이다.

무저갱이 열린다 디아블로

게임미디어 메시지

성경에는 다양한 종류의 지옥들이 등장한다. 그 중에서도 무저갱은 감옥과 같이 열쇠로 열고 닫고 할 수 있다. 악한 영들을 넣기도 하고 빼기도 하는 곳으로 묘사된다. 타락한 천사들을 마지막 심판 날까지 가두는 목적으로 만들어진 듯하다. 예수께서 거라사에서 귀신 든 사람을 고치실 때 군대귀신이 사람에게서 나오면서 무저갱에 보내지 말고 돼지떼 속으로 들어가게 해 달라고 간청하는 장면이 나온다. 요한계시록에는 말세에 이르러 이 무저갱이 열려서 많은 악한 영들이 쏟아져 나오는 장면이 나온다.

다섯째 천사가 나팔을 불매 내가 보니 하늘에서 땅에 떨어진 별 하나가 있는데 그가 무저갱의 열쇠를 받았더라. 그가 무저갱을 여니 그 구멍에서 큰 화덕의 연기 같은 연기가 올라오매 해와 공기가 그 구멍의 연기로 말미암아 어두워지며 또 황충이 연기 가운데로부터 땅 위에 나오매 그들이 땅에 있는 전갈의 권세와 같은 권세를 받았더라(계 9:1-3).

무저갱이 열리자 사단 루시퍼 만큼이나 악한 짐승과 수많은 기타 악령들이 쏟아져 나와 세상에 잠시 활개를 치고 다니게 된다. 그리고 잠시 후에 예수께서 재림하시고 악한 영들을 모두 잡아 유황불 못에 던져 넣으신다. 그 후에 사탄은 무저갱에 1,000년간 갇히고 1,000년이 지난 후 잠시 풀려났다가 다시 유황불 못에 들어간다.

이처럼 무저갱이 열리고 갇혀 있던 수많은 악령들이 세상에 잠시 나오게 되면 세상은 전에 없던 혼란과 환란의 소용돌이 속으로 들어가게 된다.

게임 "디아블로Diablo"의 이야기는 세계석이라는 돌에 봉인이 되어 있는 악령들이 쏟아져 나오는 이야기다. 표면적으로는 그 악령들과 싸워서 이기는 영웅들의 이야기를 가지고 있지만 실상은 수많은 주술과 마법을 사용하여 악령들을 불러내는 것을 연습하고 시체들을 일으켜서 함께 싸우는 이야기다. 유럽 신비주의 마법 오컬트부터 아프리카 악마종교 부두교Voodooism까지 세상 모든 마술과 신비종교의 박람회 전시장과 같다. 이제는 더 이상 마법을 배우러 해리 포터의 호그와트 마법학교에 갈 필요가 없다. 극장과 공연장에 모여서 다같이 놀라운 마법효과와 제사의식을 감상하고, 집에 오는 길에는 그치지 않는 마녀들의 노랫소리를 이어폰으로 듣고, 조용한 방에서는 게임 가상공간 속의 폭력과 음란의 영들과 접신한다.

"디아블로" 게임을 플레이 하다 보면 플레이어는 어느새 악령들과 친구가 되어 동행하고 있는 것을 본다. 많은 시간을 함께 하다 보면 처음엔 불러낼 때마다 기괴하고 무섭던 악령들에 점점 무감각해지고 급기야는 친숙해지게 된다. 플레이 할수록 더 강한 힘과 능력을 갖고 싶어지고, 더 강한 마법을 실행하고 더 큰 악령을 불러내고 싶어진다. 더 자극적인 힘을 발휘할 수 있는 높은 레벨이 되려고 게임에 몰입하게 된다.

이렇게 게임을 많은 시간 동안 즐기면서 수많은 마법과 귀신들을 구경하고 그들과 어울리는 시간을 갖게 된다. 현대 비디오 게임의 대부분은 이렇게 마법과 주술로 가득 찬 영적인 공간이다. 그렇다면 과연 성경은 마법과 주술에 관해서 어떻게 말하는가?

그의 아들이나 딸을 불 가운데로 지나게 하는 자나 점쟁이나, 길흉을 말하는 자나, 요술을 하는 자나, 무당이나, 진언자나, 신접자나, 박수나, 초혼자를 너희 가운데에 용납하지 말라. 이런 일을 행하는 모든 자를 여호와께서 가증히 여기시나니 이런 가증한 일로 말미암아 네 하나님 여호와께서 그들을 네 앞에서 쫓아내시느니라(신 18:10-12).

남자나 여자가 접신하거나 박수무당이 되거든 반드시 죽일지니 곧 돌로 그를 치라. 그들의 피가 자기들에게로 돌아가리라(레 20:27).

군사훈련 FPS

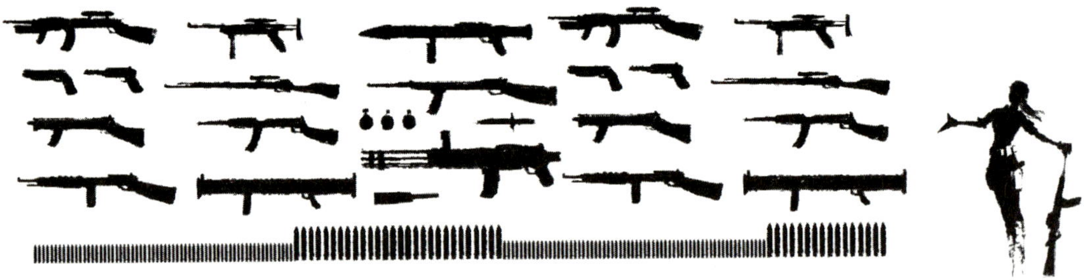

비디오 게임의 커다란 장르 중 하나는 FPS[first person shooting]이다. FPS는 말 그대로 1인 슈팅게임[shooting game]을 일컫는다. 플레이어는 게임 안에서 1인칭 시점을 가지고 현실의 세상과 거의 흡사해 보이는 가상세계의 공간을 쉼 없이 뛰어다니며 각종 총기와 수류탄 등 첨단 살상 무기를 적절히 사용하여 상대방을 사살한다. 또한 탱크와 장갑차, 전투기에 이르기까지 다양한 전쟁무기들을 다루어 보며 실제적인 전쟁경험을 할 수 있도록 한다.

나날이 발전하는 반도체와 통신기술의 발달로 말미암아 컴퓨터 서버를 오가는 정보의 양은 기하급수적으로 증가하고, 정보의 전달 속도는 눈부시게 빨라진다. 그로 말미암아 이미 많은 FPS 게임들은 현실과 구분하기가 어려울 정도로 놀라운 그래픽을 구현하게 되었다.

모델링 아티스트modeling artist는 z-brush를 이용해 실제 사람과 구분이 불가능한 3D 캐릭터들을 만들고, 차량 아티스트는 스쳐 지나간 총알자국 하나까지도 섬세하게 묘사되어 있는 탱크들을 만든다. 배경공간 아티스트는 실제 존재하는 도시들을 현실적으로 구현해 내고, 사운드 아티스트는 각 탱크와 장갑차의 소리를 실제로 녹음해 온다. 게임 디자이너는 역사적인 고증을 통하여 최대한 사실적인 게임 진행이 이루어지도록 스토리를 만들고, 프로그래머들은 이 모든 것이 가능하도록 가상공간의 발전기인 게임엔진을 만든다. 마지막으로 최고의 비즈니스 전문가들이 모여 천문학적인 돈을 쏟아 부어 세상 모든 곳에 선전을 시작한다.

사상과 이념도, 국적도 연령도 성별도 상관없이 누구든 더 많은 사람들이 밤낮 쉬지 않고 가상공간을 뛰어다니면 게임 회사는 돈을 버는 것이다.

짐승과 그의 우상에게 경배하고 그의 이름 표를 받는 자는 누구든지 밤낮 쉼을 얻지 못하리라 하더라 성도들의 인내가 여기 있나니 그들은 하나님의 계명과 예수에 대한 믿음을 지키는 자니라(계 14:11-12).

뛰어다니면서 하는 일은 하나님의 형상인 사람을 가능한 한 많이 효과적으로 살해하는 것이다. 총에 맞은 사람은 피가 튀고 머리가 깨져 죽는다. 머리를 정확히 맞추면 칭찬하는 효과음까지 들린다. 이렇게 구체적으로 현실과 구분하기 힘든 공간에서 게임이라는 명목으로 수없이 충격적인 살인의 현장이 반복된다.

자극적인 총격전을 진행하면서, 전장을 뛰어다니다 보면 저절로 무기들에 관한 지식을 갖게 된다. 신형 기관총에 들어가는 탄창의 실탄 개수와 장전 타이밍부터 각종 수류탄의 살상 범위와 피해 반경까지. 대전차 무기의 사용법과 위성 추적 미사일 패턴까지도 저절로 숙지하게 된다. 대체 수많은 젊은이와 청소년들이 이렇게 자세하고 현실적인 군사훈련을 왜 날마다 몇 시간씩 해야 하는 것일까?

이렇게 슈팅 게임 앞에 앉은 게이머들은 전쟁과 폭력의 소모품이 되어 길거리에 쌓여버린 사람을 계속 접하게 된다. "스타크래프트Starcraft"가 처음 등장했을 때 곤충 모양의 외계괴물 생명체의 죽음과 전혀 다름없이 사람 캐릭터인 마린과 메딕이 사지가 잘려 죽는 동작을 처음 봤을 때의 충격이 기억난다. 그러나 모든 폭력게임들처럼 처음에는 충격이지만 금새 적응하게 되고 차차 대량살상에 쾌감을 느끼게 된다. 수십 개의 잘려나간 파편이 곤충인지 사람의 수족인지는 중요하지 않게 된다.

왜 이렇게 무의미하고 무가치한 이상한 군사훈련 따위가 우리들 마음에 가득하게 된 것일까? 성경은 사람이 마음에 하나님 두기를 싫어하면 헛되고 무분별한 욕망과 욕구들에 빠져들어 헐떡대도록 내버려 두신다고 했다.

그들이 마음에 하나님 두기를 싫어하매 하나님께서 그들을 그 상실한 마음대로 내버려 두사 합당하지 못한 일을 하게 하셨으니 곧 모든 불의, 추악, 탐욕, 악의가 가득한 자요 시기, 살인, 분쟁, 사기, 악독이 가득한 자요 수군수군하는 자요 비방하는 자요 하나님께서 미워하시는 자요 능욕하는 자요 교만한 자요 자랑하는 자요 악을 도모하는 자요 부모를 거역하는 자요 우매한 자요 배약하는 자요 무정한 자요 무자비한 자라. 그들이 이같은 일을 행하는 자는 사형에 해당한다고 하나님께서 정하심을 알고도 자기들만 행할 뿐 아니라 또한 그런 일을 행하는 자들을 옳다 하느니라(롬 1:28-32).

이 모든 가상공간 군사훈련은 인류의 종말에 아마겟돈 전쟁에서 2억이 넘는 군대를 동원하기 위한 준비는 아닐까? 그러나 사실 아마겟돈 전쟁은 오늘 이미 일어났다. 그리고 내일도 일어날 것이다. 아마겟돈 전쟁은 단지 먼 훗날 중동에서 일어나는 계시록의 마지막 전쟁만을 의미하지 않는다. 그것은 우리 마음 속에서 날마다 일어나는 선악간의 싸움이며 선택이다. 여호수아도 말하기를 "너희가 섬길 자를 오늘 택하라"(수 24:15)고 했다. 선택은 오늘, 지금 내 마음 안에서 이루어진다. FPS 게임들을 통해서 우리 마음속에는 폭력과 살인의 아마겟돈이 진행된다. 마치 소돔성에 거하던 롯의 심령이 소돔의 문화 때문에 상처받았던 것처럼. 우리 마음의 아마겟돈에서 우리는 각종 무기로 우리 자신을 쏘아대며 영혼을 상처 입히고 폭력에 적응해 간다.

하나님같이 되리라 God Game

게임미디어 메시지

에덴동산에서 흠도 없고 죄도 없던 사람을 타락시켰던 결정적인 요소는 "하나님 같이 될 수 있다"는 뱀의 유혹이었다. 하나님 같이 되고 싶은 욕구가 온 인류를 타락시켰고, 하나님 같이 되고 싶은 욕구가 광명천사인 천사장 루시퍼를 사탄으로 만들어 버렸다. 사람뿐 아니라 천사까지 영을 가진 모든 피조물들은 영혼의 유전자 속에 창조주를 흠모하고 사랑하고 찾으려는 프로그램이 들어 있다.

사람이 하나님처럼 되기를 즉 하나님 닮기를 진정으로 원하셨던 분은 사실 하나님이셨다. 얼마나 원하셨으면 사람을 하나님의 형상대로 만드셨을까? 천사를 하나님의 형상대로 만드셨다는 기록이 없다. 하나님 보좌 앞에 선 네 생물로 묘사된 그룹 천사들도 첫째는 사자 같고, 둘째는 송아지 같고, 셋째만 그나마 사람 같고, 넷째는 독수리 같았다. 또 앞뒤에 눈이 가득한 이상한 모양이었다.

동산 중앙에 있던 생명의 나무는 사람에게 영원한 생명을 부여해서 영원토록 하나님의 자녀로 하나님을 닮아가기 위한 질서정연한 계획이었다. 그러나 사탄은 하나님의 계획을 무시하고 단 한 번의 요행으로 하나님처럼 되고 싶은 마음을 품었고 사람에게도 그 욕구를 전염시켰다. 재미있는 것은 사탄이 되고자 했던 하나님은 완벽한 하나님이 아닌 하나님의 작은 단편이었을 뿐이다. 하나님의 권세와 영광과 위엄에만 관심을 가졌을 뿐 사랑과 긍휼과 자비와 헌신과 희생에 관해서는 본 적도 들은 적도 없었던 것이다. 비뚤어진 눈으로 하나님을 왜곡시켜 바라보며 하나님과의 거룩한 약속을 저버리는 것이 하나님처럼 되는 숨겨진 길이라는 어리석은 생각을 하게 된 것이다. 그렇게 하여 사탄의 유혹을 좇아 사람이 생명의 나무가 아닌 금지된 나무인 선악을 알게 하는 나무를 택했다.

성경에는 사람이 하나님처럼 되는 방법이 너무나도 자세히 나와 있다. 아무리 설명해도 못 알아들으니까 직접 하나님이신 예수님이 사람으로 내려오셔서 몸소 실천하며 보여주셨다. 사람이 하나님 닮아가는 것을 우리는 '성화'라고 부른다. 예수님을 통해 나타난 진정한 하나님의 모습은 군림과 통치를 넘어선 아버지를 향한 순종과 사랑이었다. 사탄은 꿈도 꾸지 못할 것이었다. 하나님을 닮아가려면 하나님이신 예수님의 삶을 닮아가는 길뿐이다. 영광의 넓은 길보다는 진리의 좁은 길을 찾아, 권세 있는 자들보다는 가난한 자들과 함께, 세상의 성공보다는 하나님의 언약을 바라보고, 삶과 죽음을 넘어 하나님 가슴을 향해 한 걸음씩 내디디며 예수님의 발자국을 따라 걷는 길뿐이다. 그래서 예수님은 자신이 곧 길이라고 하셨다. 이렇게 생명의 나무는 그저 먹으면 죽음이 피해가는 요술사과가 아니라, 자신의 생명을 희생하여 사람에게 생명을 주는 하나님의 사랑 메시지 예수님의 형상이었다.

게임의 장르 중에 갓게임God Game이라는 것이 있다. 게임의 가상공간 안에서 플레이어가 신이 되어 게임을 진행한다는 것이 기본 컨셉트이다. 영국의 유명 게임개발자 피터 몰리뉴가 처음으로 이 분야를 개척했는데 그는 1960년 영국에서 태어났다. 어린 시절 곤충들에게 많은 호기심이 있던 그는 다섯 살쯤 집 앞마당에서 개미떼를 발견하고 관찰하면서 재미를 느끼기 시작했다. 그리고 점점 개미들의 생활에 개입하기 시작했다. 사탕이나 과자 설탕 등을 이용해서 개미를 모이게도 하고 이유 없이 개미집을 부수기도 했다. 부순 후에 개미들이 집을 다시 짓는 것을 지켜보고 설탕을 넣어 주고 하다가 다시 부수기를 반복하며 즐겼다. 그는 자신이 개미들에게 신과 같은 존재가 된 것 같았다. 이러한 어린 시절의 개미를 괴롭히던 경험을 바탕으로 그는 게이머가 신이 되어 세상을 조종하는 갓게임 장르를 만들게 된다.

그가 만든 "파퓰러스Populous"라는 게임을 보면 유저는 주변 환경이나 날씨 등의 변화를 통제해서 인간이 어떻게 반응하는지를 지켜본다. 또한 자신이 관할하는 인간종족에게 도움을 주고 건물을 세우고 환경을 조종해서 번성하게 하거나 망하게 하기도 하고, 다른 신을 숭배하는 인간종족들과 싸우게 해서 이기기도 한다. 피터 몰리뉴에게 있어서 신은 자신의 즐거움을 위해 마음대로 세상을 파괴하고 건설하고 이용하는 존재였던 것이다. 인간을 개미처럼 보고 단지 즐거움과 재미를 위해 소모되는 작은 곤충쯤으로 간주하는 것이다. 피터 몰리뉴가 만든 파퓰러스의 후속작 "블랙 앤 화이트Black & White"에서는 조금 더 적나라한 비유와 상징들이 등장한다. 게임 속에서 고대 이집트의 동물형태의 신상들과 같은 형상의 움직이는 거대 동물우상을 이용해 사람들을 길들이거나 벌을 줄 수 있다. 게임이 진행되면서 더욱 다양한 동물들을 이용할 수 있고 이 거대 동물 우상들은 게임진행자인 신의 입장을 대변한다고 볼 수 있다. 이것은 성경과 역사를 아는 우리들에게 무척 익숙한 광경이다. 과거 모세의 시절에 이집트에 있던 수많은 동물형상의 우상들이 있었고, 그 우상들이 대변하는 자는 그들의 두령 사탄 루시퍼였다. 결국 갓게임에서 플레이어들이 게임을 통해 경험하고 이해하는 신은 세상과 인간을 재미와 성취의 도구로 이용하는 존재인 사탄이다. 갓게임에서 게임 플레이어들은 게임을 통해 사탄의 공중권세를 경험하는 것이다.

게임의 목적 Saints Row, GTA

한국가수 싸이의 "강남 스타일"이 역대 유투브 조회수 1위에 등극했다. 한국뿐 아니라 연일 북미의 거리에서도 방송을 통하여, 사람들의 모바일 기기를 통하여 "강남 스타일"이 울려 퍼진다. 서로 웃고 떠들며 흥겹게 움직이는 미국과 캐나다 사람들 중에 "강남스타일"의 가사를 이해하고 있는 사람이 얼마나 될까? 북미 사람들은 고사하고 한국 사람들은 가사 내용을 명확히 알고 있을까?

"강남 스타일"은 어느새 평범한 대중가요의 범주를 넘어서 이 시대의 스타일을 대변하는 사회현상이 되어 버렸다. 어떤 문화가 대중들의 기대심리를 만족시키며 시대적인 흐름을 타게 되면 사람들의 이성과 영성을 마비시키고 오직 감성만 극대화하여 누구도 거부할 수 없는 쓰나미와 같은 유행의 파장을 만들어 낸다.

온 도시와 거리가 함께 응원하고 감격할 수만 있다면 모두가 "붉은 악마"가 되어 버리고, 유투브 1위에 등극하는 음악이라면 초등학생들까지도 성행위를 연상시키는 춤을 춘다. 2천만 명이 다운받은 모바일 게임이라면 당장 성공신화 주역이 되고 누구도 게임 내용의 의미 따위는 신경 쓰지 않는다. 이렇게 재미와 감정의 쓰나미에 휩쓸려 가는 군중들에게 메시지의 의미를 논하는 것은 무의미한 것이다.

우리는 이미 가장 진보한 과학기술을 누릴 수 있는 약속의 땅 가나안에 와 있는 것일지도 모른다. 그러나 성경은 이 땅 사람들의 문화에 무분별하게 섞이지 말고 하나님을 경외하고 살 것을 말한다.

네 하나님 여호와께서 네게 주시는 땅에 들어가거든 너는 그 민족들의 가증한 행위를 본받지 말 것이니(신 18:9).

피터 몰리뉴의 게임 철학에 의하면 게임은 한 번의 극대화된 재미를 주고 끝나는 것이 아니라 계속해서 지속되는 재미를 느끼게 해 주어야 한다. 게임 플레이어로 하여금 재미를 계속해서 "선택"하도록 해 주어야 한다.

재미있는 선택을 극대화하기 위해서 도덕과 사회규범이나 윤리 정도는 전혀 고려하지 않고 단지 게임 플레이어에게 완벽한 선택의 자유를 부여하는 게임들이 등장하게 되었다.

GTAGrand Theft Auto나 Saints Row를 처음 접하는 게임 플레이어들은 자신 앞에 놓인 다양한 선택들에 충격을 받게 된다. GTA와 Saints Row의 가상공간은 대단히 사실적이고 짜임새가 있다. 북미의 실재하는 도시들을 그대로 옮겨 놓은 듯한 느낌이 든다. 빌딩으로 가득 찬 번화가도 있고 어두컴컴한 뒷골목도 있다. 상점에 들어가서 필요한 물건을 사기도 하고 높은 고층빌딩 위 팬트하우스에서 파티를 하며 도시를 내려다 볼 수도 있다. 거리는 작은 승용차부터 청소트럭까지 각종 자동차로 붐비고 수많은 인공지능 3D 사람들이 다양한 연령과 인종을 망라해서 거리를 활보한다. 도시와 도시를 연결하는 고가도로와 도로 위의 가로등과 네온사인까지 마치 LA나 토론토의 구석구석을 실제로 경험하는 느낌이 들 정도이다.

중요한 것은 이 공간에서 캐릭터가 구체적으로 뭘 하느냐이다.

가상공간 속 거리를 걸어 다니는 사람들은 플레이어의 캐릭터에 반응한다. 앞에서 춤을 추거나 행동을 하면 비슷한 행동으로 대응한다. 또한 원한다면 손과 발로 사람들을 폭행할 수도 있고, 돈을 빼앗을 수도 있다. 각목과 야구방망이, 칼 등 흉기를 이용해서 구타할 수도 있고, 각종 총기와 무기로 무차별 난사를 할 수도 있다. 상황이 심각해지면 경찰이 등장하는데 경찰이 등장하면 죽이고 경찰차를 탈취해서 경계지역을 벗어나면 그만이다. 거리를 오가는 자동차 중에 마음에 드는 것이 있으면 운전자를 끌어내고 탈취해 버리면 된다. 심지어 성인용품점에 들어가 구입한 성인용품을 무기처럼 휘둘러 행인들을 폭행할 수도 있다. 나이트 클럽이나 유흥업소에서 춤추는 여성들을 구경할 수도 있고, 심지어 차 안에서 윤락 여성과 성관계를 할 수도 있다. 원하는 것을 마음껏 취하고 행하는 자유 속에서 폭력과 불법은 재미와 욕망 앞에 근거 없이 정당화된다. 묵인되고 용인되고 오히려 장려되는 부도덕과 불법 속에서 게임 속의 주인공은 폭력조직을 성장시켜 힘을 키우고 부와 명예를 쌓아가게 된다. 게임 플레이어는 GTA 와 Saints Row 게임 안에서 고리타분한 도덕 따위에 얽매이지 않고 자기 소견에 옳은 대로 하고 싶은 것은 다 해 볼 수 있는 세상을 경험하게 된다. 완벽한 포스터모더니즘의 게임 세상에서 모든 결과에 대한 평가는 각자 하는 것이기에 책임에 대한 고민을 할 필요도 없다.

그렇게 삶은 점점 부담 없고 즐거워진다.
그렇게 하고 싶은 것을 하고 살면서 해야 하는 것은 잊어간다.
그것이 게임의 목적이다.

4

다시 성경으로

V.i.s.u.a.l W.o.r.s.h.i.p

마음 공간 디자인

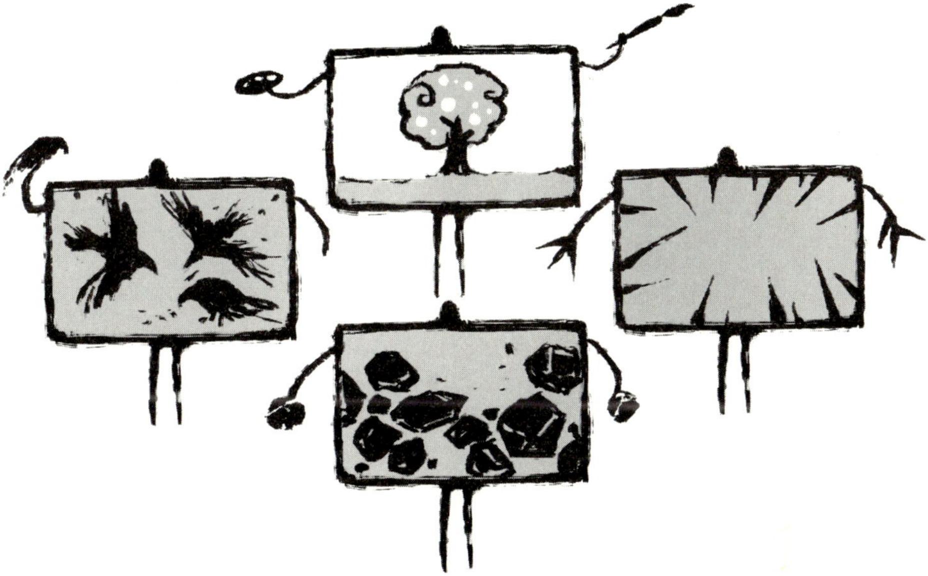

지난 10년간 북미의 게임 회사들에서 아티스트로 일해 오면서 주로 게임 미디어 속에 가상공간을 만드는 작업을 했다. 수많은 하늘과 강과 골짜기와 다양한 도시들을 만들면서 재미있는 사실을 알게 되었다.

공간은 끌어당기는 힘이 있다는 것이다. 쇼핑을 좋아하는 사람은 신상품 가득한 명품 매장을 쉽게 지나치지 못할 것이고, 얼리 어댑터들은 애플스토어 앞에서 발길이 멈춰질 것이다. 환상적이고 자극적인 게임공간은 질풍노도의 젊은이들마저 끌어당겨 여러 시간 마네킹처럼 잡아 묶는다.

이처럼 공간은 끌어당기는 힘이 있다. 그렇다면 우리 마음은 어떨까? 마음에도 공간이 있을까? 놀랍게도 성경에는 마음의 공간 디자인에 관한 내용이 있다.

예수님은 다양한 사람들에게 시간과 장소를 초월해서 그들의 삶의 언어로 말씀하신다.

영원한 삶을 고민하는 국회의원 니고데모에게는 거듭나야 함을 말씀하셨고, 남자관계가 복잡한 여인에게는 네 남편이 어디 있느냐고 하셨다. 물고기 잡는 것밖에 모르는 베드로에게는 사람 낚는 어부가 되게 해 주겠다고 하셨고, 무조건 높이 올라가면 되리라 믿었던 키 작은 삭개오에게는 내려오라고 하셨다. 날마다 3D가상공간 만들기에 여념이 없는 내게는 마음의 공간 디자인을 말씀하셨다.

복음서의 씨 뿌리는 비유에서 예수님은 네 가지 마음의 공간을 이야기하셨다.

씨를 뿌리는 자가 그 씨를 뿌리러 나가서 뿌릴새, 더러는 길가에 떨어지매 밟히며 공중의 새들이 먹어 버렸고(눅 8:5).

첫 번째 씨가 떨어진 곳은 길가였는데 많은 사람들이 밟고 지나가고 공중의 새들이 와서 먹어 버렸다. 우리 마음이 길가처럼 무분별하게 세상에 노출되고 타협해 버리면 말씀을 아무리 들어도 깨닫지 못하게 되고 결국은 마귀가 와서 뿌려진 말씀을 빼앗는다는 것이다.

더러는 바위 위에 떨어지매 싹이 났다가 습기가 없으므로 말랐고(눅 8:6).

두 번째 씨가 떨어진 곳은 바윗돌 위였다. 바위처럼 딱딱한 마음을 가지게 되면 처음에는 말씀을 잘 받는 것 같지만 결국 뿌리가 깊이 심기우지 못해 잠시 믿는 것 같다가 어려운 시험을 받으면 배반하게 된다는 것이다.

더러는 가시떨기 속에 떨어지매 가시가 함께 자라서 기운을 막았고(눅 8:7).

세 번째 씨가 떨어진 곳은 가시떨기였다. 말씀을 듣기는 듣지만 마음 속에 세상 염려와 재물과 향락이 수많은 가시처럼 자라서 말씀의 기운을 막아 버려 열매를 제대로 맺지 못한다는 것이다.

더러는 좋은 땅에 떨어지매 나서 백 배의 결실을 하였느니라(눅 8:8).

네 번째 씨가 떨어진 곳은 좋은 땅이었다. 좋은 땅에 있다는 것은 착하고 좋은 마음으로 말씀을 듣고 지켜 인내로 열매를 맺는 것이다.

이처럼 떨어진 씨는 동일한 하나님의 말씀이나, 받는 마음 밭을 가꾸는 것은 우리의 책임이다. 날마다 마음과 생각을 지키고 예쁘게 관리해서, 착하고 좋은 마음으로 말씀을 받아야 하며 받은 후에는 인내와 순종으로 말씀이 자라나게 해서 삶 속에서 성령의 열매를 맺어야 한다. 우리의 마음 밭이야말로 최초의 영적인 메시지를 받는 소중한 공간이다. 즉 하나님의 말씀이신 성령이 거하시는 유일한 공간인 것이다. 마음밭이 화려하지는 않을

지라도 최소한 깨끗해야 성령이 거하실 수 있지 않을까? 하나님의 뜻에 합당한 좋은 미디어가 되기 위해서는 좋은 마음의 공간이 필요함을 알게 된다.

그가 또한 우리에게 인치시고 보증으로 우리 마음에 성령을 주셨느니라(고후 1:22).

너희가 아들이므로 하나님이 그 아들의 영을 우리 마음 가운데 보내사 아빠 아버지라 부르게 하셨느니라(갈 4:6).

우리 마음과 생각을 나쁜 메시지를 전하는 미디어들로부터 지켜서 좋은 마음 밭을 유지한다면 하나님의 말씀이 우리 마음에 깊이 심기울 것이고 아름다운 열매를 맺어 좋은 메시지를 이웃에게 전달할 수 있을 것이다.

모든 지킬 만한 것 중에 더욱 네 마음을 지키라 생명의 근원이 이에서 남이니라(잠 4:23).

역사상 모든 미디어들의 근본 메시지는 하나님께로부터 온 것이거나 마귀를 따르는 세상의 욕심에서 오는 것임도 살펴보았다. 어떤 미디어를 선택해서 마음의 공간을 만들어 갈 것인가, 또 스스로가 어떤 미디어가 될 것인가는 "자유의지"라고 불리는 각자의 선택에 달렸다.

자기의 육체를 위하여 심는 자는 육체로부터 썩어질 것을 거두고 성령을 위하여 심는 자는 성령으로부터 영생을 거두리라(갈 6:8).

일어나는 유다 지파와 단 지파

창세기 속의 중요한 이야기 중 하나는 요셉의 형 유다의 이야기일 것이다. 동생을 은 20에 양심과 함께 팔아 버린 요셉의 형의 이름은 유다였고, 예수를 은 30에 팔았던 제자의 이름도 유다였다. 유다는 동생 요셉을 아라비아 상인들에게 팔아 버리면 모든 것이 해결될 줄 알았는데, 사랑하는 아들을 잃고 죽을 만큼 괴로워하는 아버지를 지켜보게 되면서 스스로 큰 고통을 겪게 되었다. 날마다 힘들어하는 아버지를 차마 볼 수 없어서 집을 떠나 외지에서 어떤 가나안 여자를 만나 가정을 꾸리고 살게 되었다. 아들 셋을 낳았는데 첫째와 둘째가 차례대로 죽고 아내까지 죽었다. 어린 막내 아들 하나만 남았는데 자신도 모르게 며느리와 동침해서 아이까지 낳는 기막힌 삶을 경험한 후에야 아버지 야곱의 힘겨운 삶과 자식과 아내 잃은 심정을 이해하고 아버지에게 돌아간다.

예수님은 이 유다의 모습에서 탕자의 비유를 말씀하신 것이 아닐까? 하나님은 이토록 아버지를 아프게 한 유다의 자손으로 메시아 예수님을 보내셨다.

이 시대 문화 속의 유다는 누구일까? 레위 지파가 음악으로 하나님을 예배하도록 부름 받은 것처럼 유다 지파의 브살렐과, 단 지파의 오홀리압은 미술로 하나님을 예배하도록 부름을 받았다. 모세가 하나님의 말씀대로 성막을 만들 때 하나님께서 두 사람 브살렐과 오홀리압에게 지혜와 재능의 신 여호와를 경외하는 신을 크게 감동하셔서 성막에 필요한 미술과 공예작업을 완수할 수 있었다.

내게는 이 사건이 오순절 성령강림만큼이나 충격적이고 경이로운 사건으로 다가왔다. 이미 구약의 출애굽 시대에 신약의 오순절 다락방 무리처럼 하나님의 부르심 앞에 서서 사명을 감당하려 기다리던 자들에게 성령강림이 있었던 것이다. 유다 지파 브살렐과 단 지파 오홀리압, 그들은 조형예술 예배자들이었다.

레위 지파에게 찬양을 통한 예배의 부르심이 있었던 것처럼, 유다와 단 지파에게는 미술과 공예를 통한 예배의 부르심이 있었다. 그렇게 함께 서서 하나님을 찬양하던 음악과 미술이 가톨릭의 중세 암흑기에 접어들면서 예배의 본질을 잃어버리고 타락의 도구가 되어 버렸다. 특히 미술은 각종 사치의 상징물들로 욕심의 대성당들을 가득 채웠다. 그러자 마르틴 루터의 종교개혁이 시작된 후에 교회는 가장 먼저 교회 안의 비본질적이며 이교도적인 미술공예들을 없애 버렸다. 교회는 많이 정화되었지만 그 후로 교회 안에서 예배미술은 자취를 감추게 되었다. 오랜 시간이 흘러 현대교회에서는 다시금 예배미술이 예배에 동참하는 모습을 조금씩 보게 된다. 그것은 참 반가운 일이면서 또 한편으로는 경계해야 하는 일이기도 하다. 미술이 단지 예배행사를 다양하게 하는 문화 공연이 되어 버린다면 그것은 대성당이 천 년간 자행해 온 속임수를 또다시 반복하는 것이다. 그렇게 되면 결국 포장지인 문화만 남고 중요한 메시지인 말씀은 사라져 갈 것이다.

우리는 우리가 가진 것으로 말씀을 표현하면서 하나님을 예배해야 한다. 음악가는 말씀을 연주하고, 화가는 말씀을 그리고, 목회자는 말씀을 설교해야 한다. 말씀에 문화를 집어넣어서는 안 된다. 문화에 말씀을 집어넣어야 한다.

찬양 사역자들과 그림을 가지고 함께 예배의 자리에 설 때마다, 특별한 감격과 임재 때문에 숨이 막혀 왔다. 그것은 아마도 야곱의 아들 열두 형제가 다시 모여 서로 붙잡고 울었던 날의 기억이 아닐까? 아버지 앞에 돌아와 함께 서 있는 아들들을 보고 있는 아버지의 마음이 아닐까? 음악이 찬양으로 하나님께 구속되어 쓰임 받는 것을 보면서 미술이 하나님께 구속되어 예배의 자리로 돌아가는 것을 꿈꾼다.

하나님은 제1매체인 우리 자신을 먼저 바꾸신다. 제1매체가 하나님 앞에 바로 서서 진실한 하나님의 미디어가 되면 이후의 모든 제2매체가 하나님을 신령과 진정으로 예배하기 시작할 것이다. 그것이 오케스트라이건, 대형스크린이건, 한 방울의 눈물이건 상관없다. 내가 예수 그리스도의 심장을 가진 예배자가 되면 나에게서 나오는 모든 것이 예배가 되기 때문이다.

땅끝에 서다

한참 세상 대중문화에 잠식되어 가는 교회 문화에 관해서 고민하던 시기가 있었다. 이미 양적으로 질적으로 비교할 수 없이 앞서 가는 대중문화를 익히 알고 있던 터라 암담한 심정이었다. 더군다나 나 자신이 대중 미디어 산업에 종사하면서 교회행사들도 동시에 경험했기 때문에 스스로 느끼는 괴리감도 있었다. 그토록 영적으로 위험한 미디어 콘텐츠를 나 자신이 만들고 있으니 말이다. 계속되는 세계대전의 게임을 만들고, 외계인과 초인들의 우주전쟁 게임을 만들면서 소돔 땅에 있는 롯처럼 내 심령은 상해 가고 있었다. 날마다 귀로는 헤드폰으로 하나님 말씀을 들으면서 손으로는 전쟁으로 폐허가 된 도시를 만들었다. 하루에도 몇 번씩 '내가 여기서 무엇을 하고 있는가?'라는 질문을 스스로에게 했다.

그렇다고 내 주위의 현실에 불만이 있는 것도 아니다. 나의 일터는 마치 제2의 집과 같아서 지금 일하고 있는 회사는 8년간 재직하고 있고 동료들은 마치 오랜 친구들과 같다. 나를 인정해 주는 팀에서 누구나 부러워할 만한 좋은 프로젝트를 진행하고 있고 회사를 통해 영주권과 시민권을 받았다. 이곳에서 터전을 잡고 사랑하는 아내를 만나 가정을 이루고 아이도 둘이나 갖게 되었다. 가방 하나 메고 그림도구 들고 유학생의 몸으로 낯선 땅에 왔는데 이제 가족도 있고, 집도 있고, 차도 생겼고, 울타리 같은 회사도 있다.

이제 그냥 여유롭게 느긋한 삶을 시작할 시기였는데… 내 속에서 표현할 수 없는 불 같은 힘이 끓어올라서 필사적으로 하나님을 찾게 했다. 내 눈을 열어서 말씀을 보게 하고 귀를 열어 말씀을 듣게 하셨다. 말씀을 보게 되자 하나님이 보이고, 사람이 보이고, 마귀들이 보이기 시작했다. 그렇게 게임 미디어를 잡고 있는 영들이 장악한 땅의 한 가운데 서 있는 나를 보았고, 내게는 선택의 시간이 왔다. 알게 된 이상 선택을 하지 않을 수 없었다. 편안하고 부담 없는 종교인으로 살 것인가? 번거롭고 불편하지만 진정한 크리스천으로 살 것인가? 8년을 같이 일하면서 이미 나를 내 가족만큼 잘 아는 동료들 앞에서 나는 부끄러운 것이 많았다. 같이 화내고 같이 욕하고 같이 즐기는 삶을 살았는데, 참을 수 없는 말씀의 뜨거움 앞에 서서 더 이상 차지도 뜨겁지도 않은 삶을 살 수는 없는 것이었다. 하나님께서 용기를 주셔서 매주 수요일 점심시간에 함께 모여 기도하는 크리스천모임을 회사에 만들었다. 아무도 오지 않을 것 같았는데 하나님께서 비록 작은 숫자이지만 함께할 수 있는 동역자들을 보내 주셨다. 바벨론의 포로였던 다니엘과 느헤미야는 비록 대적의 땅에서 삶을 영위했지만 그들은 잊지 않고 예루살렘을 위해 기도했으며 70년 만에 반드시 돌아가리라는 예레미야를 통한 약속의 말씀을 믿고 의지했다. 우리의 생계와 현실은 비록 여기 묶여 있지만 우리 기도와 영혼은 자유하게 돌아갈 약속의 땅을 향해 달려간다.

어쩌면 이 책을 쓰기 위해 나를 여기 두신 것인지 모른다는 생각도 든다. 이 책을 통해 모든 대중 미디어 콘텐츠 제작자로 살고 있는 크리스천들을 위로하고 격려하기 위해서 말이다. 주일예배 시간에만 돌아갈 완벽한 고향을 꿈꾸지 말고, 오늘 우리의 자리에서 무릎을 꿇자. 영상편집 툴 앞에서, 노래하는 마이크 앞에서, 촬영현장 카메라 뒤에서 잠시 모여 함께 기도하면서 우리의 영웅 예수 그리스도를 기억하자. 작품과 결과물에 관한 환상과 성공의 욕심들이 우리를 압도할 때마다, 우리의 본업은 십자가의 길임을 스스로에게 선포하고 구별된 삶을 살자. 때로는 무시 받고 때로는 어리석은 취급을 당할지라도 하나님이 원하시는 예배자의 삶을 사는 것만이 하나님의 미디어가 되는 유일한 길임을 잊지 말아야 한다. 땅끝까지 복음을 전하라는 말씀을 실천하려 모두가 반드시 아프리카나 아시아의 선교지에 갈 필요는 없다. 오늘 우리가 서 있는 자리가 땅끝이기 때문이다.

2010년 어느 가을날 밴쿠버의 한인교회 찬양집회에서 마음에 떠올랐던 개인적인 환상을 나누며 이야기를 마무리하려 한다. 모두가 일어나서 자유롭게 찬양을 하는데 나는 앉아서 하나님께 한숨과 불만 섞인 기도를 하고 있었다.

"하나님 과연 제가 열심히 노력한다고 하나님이 원하시는 구별된 삶을 살 수 있을까요? 하나님의 마음을 그림으로 그릴 수 있을까요? 주위에서 비웃기나 하지 않을까요?"

그때 갑자기 눈앞에 커다란 검은 벽이 나타났다. 그 벽은 내가 두려워하는 세상문화였다. 도대체 규모를 알 수 없을 만큼 끝없이 높고 넓었다. 그리고 그 벽 앞에서 나는 작은 아이처럼 서 있었다. 그때 누군가 내게 작은 붓을 내밀었다. 그리고 내 마음에 어떤 목소리가 들렸다.

"여기 이 붓으로 넓은 벽 위에 나무도 꽃도 하늘도 마음껏 그리고 또 나를 그리렴."

그리고는 자신 없이 움츠러든 내 손을 들어 그리게 하셨는데 그분은 예수님이셨다. 그 순간 내 앞에 숨막히게 무서운 검은 벽은 세상에서 가장 큰 캔버스가 되어 버렸다.

세상의 대중문화가 발전할수록 성경은 고리타분하게 취급되고 교회의 예배들은 대중문화의 영향력 아래로 급속도로 들어간다. 그리고 교회 안에 거룩한 영적인 파워는 사라져 간다. 그것은 교회의 기술력이 부족한 것이 아니라 교회에 예배자가 부족하기 때문이리라.

광야에서 유다 지파 브살렐에게 지혜와 재능의 신인 여호와를 경외하는 신을 부으신 것처럼 오늘날도 동일하게 유다 지파 단 지파 예술가들에게 말씀의 영을 부어 십자가를 증거하는 강력한 미디어로 세우심을 믿는다. 이 시대의 정치, 경제, 문화, 종교를 보면, 우리는 부정할 수 없는 마지막 때를 살아가고 있다. 세상이 깊이 잠들어 갈수록 하나님께서는 더 큰 목소리의 미디어들을 보내셨다. 계시록의 두 증인과 같이 입에서 말씀의 불이 나오는 미디어들이 일어나기를 기대한다. 세계의 모든 도시와 거리에서 하나님의 사람들이 하나님의 미디어가 되어 성경을 증거하는 시간이 오는데, 그때가 바로 지금이다.

아버지께 참되게 예배하는 자들은 영과 진리로 예배할 때가 오나니 곧 이 때라, 아버지께서는 자기에게 이렇게 예배하는 자들을 찾으시느니라. 하나님은 영이시니 예배하는 자가 영과 진리로 예배할지니라(요. 4:23-24).

이제 우리는 다시 한 번 에덴동산 중앙에 선다. 오늘이 선택의 날이고 지금이 하나님의 때이다. 내 영혼을 하나님께 걸 것이냐, 내 지식과 경험에 걸 것이냐? 영생의 나무냐, 선악을 알게 하는 나무냐? 성경이냐, 게임이냐? 이제 선택만 남았다.

만일 여호와를 섬기는 것이 너희에게 좋지 않게 보이거든 너희 조상들이 강 저쪽에서 섬기던 신들이든지 또는 너희가 거주하는 땅에 있는 아모리 족속의 신들이든지 너희가 섬길 자를 오늘 택하라. 오직 나와 내 집은 여호와를 섬기겠노라(수 24:15).

5

시각예배
(Visual Worship)

아득한 시간이 지나서 하나님이 누구신지, 우리가 누구인지조차 잊어버리게 되면서 우리의 재능과 능력들은 본래의 목적을 상실하고 거대한 허영덩어리 탑을 쌓게 되었다. 메이슨들은 고도로 숙련된 기술자와 예술가들로서 바벨탑을 만들었고, 각종 고대신전과 건축물들을 만들었다.

하늘의 하나님은 가장 보잘것없던 떠돌이 아르박삿의 자손 아브라함을 택하시고 그들이 이집트에서 노예로 살면서 자손을 번성하게 하셨다. 이집트의 통치자 파라오 아래서 벽돌을 굽고 강제노역만 하던 비천한 자들이 하나님의 은총으로 이집트를 탈출하여, 홍해바다를 가르고 건너, 하늘에서 내려오는 양식을 먹고, 반석에서 터진 물을 마시면서, 거친 광야를 경유하며 약속의 땅으로 갔다. 하나님은 그들의 노중에 미술에 재능이 있는 자들을 택하셔서 지혜와 재능의 신을 부으셨다. 그리고 그들로 하여금 하나님의 마음이 담긴 움직이는 성경인 성막을 만들게 하셨다. 미술이 하나님을 예배하는 본래의 목적으로 돌아간 최초의 사건이었다.

아득한 시간이 흐르고 우리는 다시금 우리가 누구인지 알지 못하는 시대를 살아가고 있다. 고대 역사 속의 그때처럼 세상의 네피림들은 소셜 네트워크와 모바일과 거대 미디어 시장에서 이슈들을 만들며 세상을 떠들썩하게 한다. 각종 미디어에 종속되어 살아가는 우리들에게 다시 한 번 하나님이 은총을 주시면, 우리는 세상 미디어 메시지들의 이집트에서 탈출할 것이고, 우리 삶의 여정 속에 성령을 부으시면 우리가 잃어버린 미술의 목적을 찾게 하실 것이다. 그리고 우리 조상들이 다다르지 못했던 약속의 땅에 이르게 하실 것이다. 약속의 땅은 편안한 삶도 세상의 성공도 아닌 하나님 당신이었다.

노아의 때를 기억해야 한다. 방주를 만든 것은 기하학의 경지에 다다른 고대 네피림들이 아니라, 하나님을 잊지 않으려, 자신이 누군지 잊지 않으려 끝까지 혼자 몸부림쳤던 노아였다.

사람들이 잊어가는 하나님의 심정을 말씀 속에서 찾아 그림에 담았다. 말씀을 향한 타는 목마름 위에 애통해 하는 기도의 붓으로 예수의 이름을 부른다. 찬양이 곡조 있는 기도이듯이 그림은 색조 있는 기도이기 때문이다.

V.i.s.u.a.l W.o.r.s.h.i.p

만남

주여 누구시니이까

이르시되 나는 네가 박해하는 예수라

(행 9:5).

프로파간다

자, 성읍과 탑을 건설하여

그 탑 꼭대기를 하늘에 닿게 하여

우리 이름을 내고

온 지면에 흩어짐을 면하자

(창 11:4).

The prayer

우리 하나님이여 그들을 징벌하지 아니하시나이까 우리를 치러 오는 이 큰 무리를
우리가 대적할 능력이 없고 어떻게 할 줄도 알지 못하옵고 오직 주만 바라보나이다(대하 20:12).

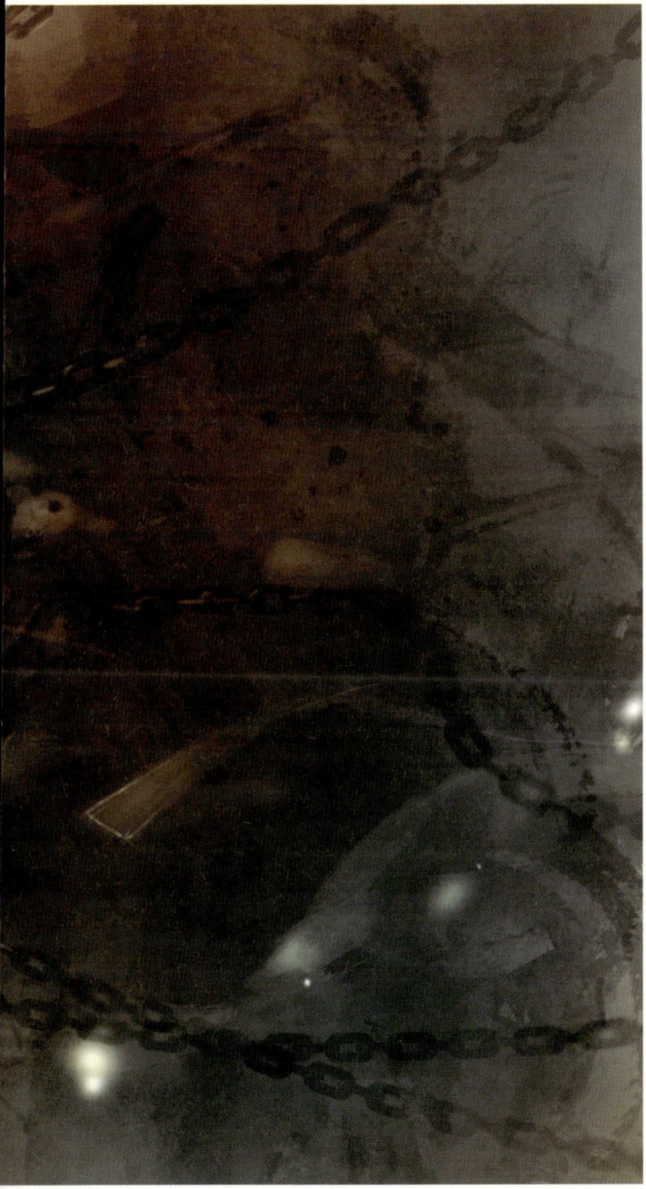

New creation

그런즉 누구든지 그리스도 안에
있으면 새로운 피조물이라. 이전 것은
지나갔으니 보라, 새 것이 되었도다
(고후 5:17).

Temptation

뱀이 여자에게 이르되

너희가 결코 죽지 아니하리라(창 3:4).

나를 둘러싼 현실의 무게에 이제 숨조차 쉬기 힘들 때,

우주를 뒤흔드는 목소리가 나를 끌어올린다.

"나사로야 나오라!"(요 11:43).

"Lazarus, come out!"

은혜가 풍성한 하나님은

믿는 자 한 사람 한 사람...

수많은 선택들로 이루어진 바쁜 일상에서 선택의 순간마다 나 자신이 보인다. 이번 한 번만… 하고 눈감고 넘어가는 세상의 방법을 택해 버리는 내 앞에, 핏빛으로 물든 갈멜 산 꼭대기에는 하나님의 사람 엘리야가 850명 앞에 홀로 서 있다. 심장이 터질 것 같다.

"너희가 어느 때까지 둘 사이에서

머뭇머뭇 하려느냐 여호와가 만일 하나님이면

그를 따르고 바알이 만일 하나님이면

그를 따를지니라"

(왕상 18:21).

ORPHEUM
VOGUE

Where is the worship?

세상에서 가장 살기 좋은 도시 밴쿠버의 그랜빌거리. 자유로운 개인주의, 철저한 자본주의, 다양한 문화와 다양한 신들, 향락과 쾌락을 즐기는 동성애까지. 이 거리에는 모든 것이 가득하다. 짧은 인생 동안 많은 것을 누리고 즐겨야 하기에 이 거리는 하나님을 기억할 시간이 없다. 모든 것이 풍족한 이 거리에는 모든 것이 있고 예배만 없을 뿐이다. 이 죽은 영혼들의 거리에 없는 것은 예수의 이름뿐이다.

여호와께서 하늘에서 인생을 굽어살피사
지각이 있어 하나님을 찾는 자가 있는가
보려 하신즉 다 치우쳐 함께 더러운 자가 되고
선을 행하는 자가 없으니 하나도 없도다
(시 14:2-3).

기근

신령한 말씀이 진부한 신학으로 대체되고 거룩한 예배가 자극적인 문화가 되어 버린 시대에 아직은 우리 영혼의 유전자 속에 하나님을 향한 기억이 남아서 남겨진 그루터기 같은 젊은이들의 영혼 속에 말씀의 부흥을 꿈꾸게 하셨다. 긍정의 힘은 선포되고 말씀의 힘은 없는 강단 위에 행사는 있고 진리는 없는 컨퍼런스들 위에 성공을 가르치고 더 이상 십자가의 헌신은 가르치지 않는 신학 위에 사사기의 포스트모더니즘에 빠져서 옳고 그름을 더 이상 분별 못하는 우리들 영혼 위에 외쳐야 한다.

사람의 간증과, 권력의 흐름과, 수없이 공허한 예화들 말고…

순교자 아벨의 피와, 남겨진 자 노아의 이야기와, 외로운 다윗의 여정과, 홀로 서야 했던 엘리야와, 타락해 버린 나실인 삼손 이야기와, 예레미야의 눈물 속 하나님의 울음을, 말라기서의 하나님의 상처를, 우리 슬픔을 끌고 올라가 자기 몸과 함께 십자가에 박아 버린 이야기를 듣고 싶다고 외쳐야 한다. 세상법칙에 적응해 버린 청년들과 무분별한 어린 동생들과 경험이 신앙이 되어 버린 기성세대들을 위해 말씀의 힘을 망각해 버린 교회들을 향해서 외쳐야 한다.

"우리는 요시아 왕처럼 옷을 찢으며 회개할 준비가 되어 있으니 제발 성전에서 말씀을 찾아오라고 번영신학과 성공신화 말고 우리를 정결하게 하고 처절하게 깨뜨려서 하나님의 심정을 알게 하는 말씀을 선포해 달라"고 외쳐야 한다.

주 여호와의 말씀이니라. 보라 날이 이를지라 내가 기근을 땅에 보내리니 양식이 없어 주림이 아니며 물이 없어 갈함이 아니요 여호와의 말씀을 듣지 못한 기갈이라. 사람이 이 바다에서 저 바다까지, 북쪽에서 동쪽까지 비틀거리며 여호와의 말씀을 구하려고 돌아다녀도 얻지 못하리니. 그 날에 아름다운 처녀와 젊은 남자가 다 갈하여 쓰러지리라(암 8:11-13).

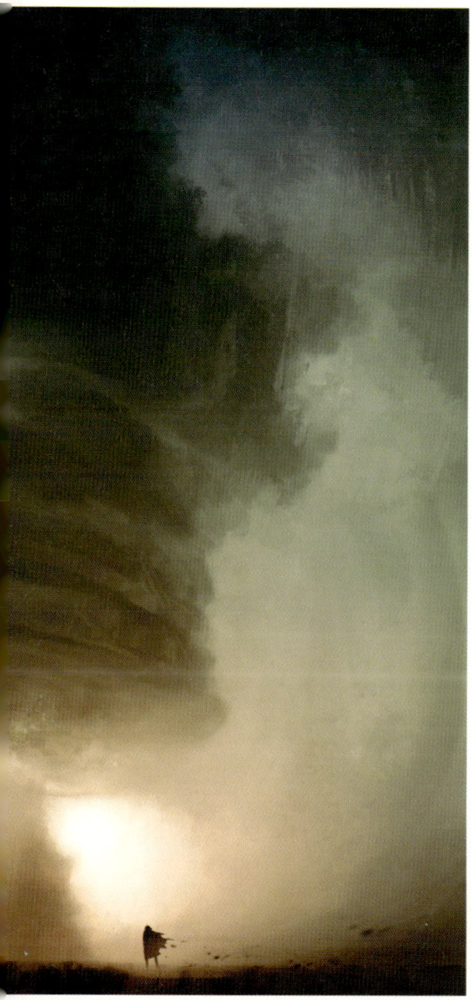

임재를 기다리며

여호와께서 이르시되 너는 나가서
여호와의 앞에서 산에 서라 하시더니 여호와께서
지나가시는데 여호와의 앞에 크고 강한 바람이 산을
가르고 바위를 부수나 바람 가운데에 여호와께서 계
시지 아니하며 바람 후에 지진이 있으나 지진 가운데
에도 여호와께서 계시지 아니하며 또 지진 후에 불이
있으나 불 가운데에도 여호와께서 계시지 아니하더니
(왕상 19:11-12).

불 후에 세미한 소리가 있는지라.

엘리야가 듣고 겉옷으로 얼굴을

가리고 나가 굴 어귀에 서매 소리가

그에게 임하여 이르시되 엘리야야

네가 어찌하여 여기 있느냐?

(왕상 19:12하-13).

Heavenly touch in Cana of Galilee

늘 들어도 깨닫지 못했던 진리를 예수의 말씀이 터치하실 때, 차디찬 돌 항아리 같은 내 혈관 속으로 예수 그리스도의 뜨거운 피가 흐르기 시작한다.

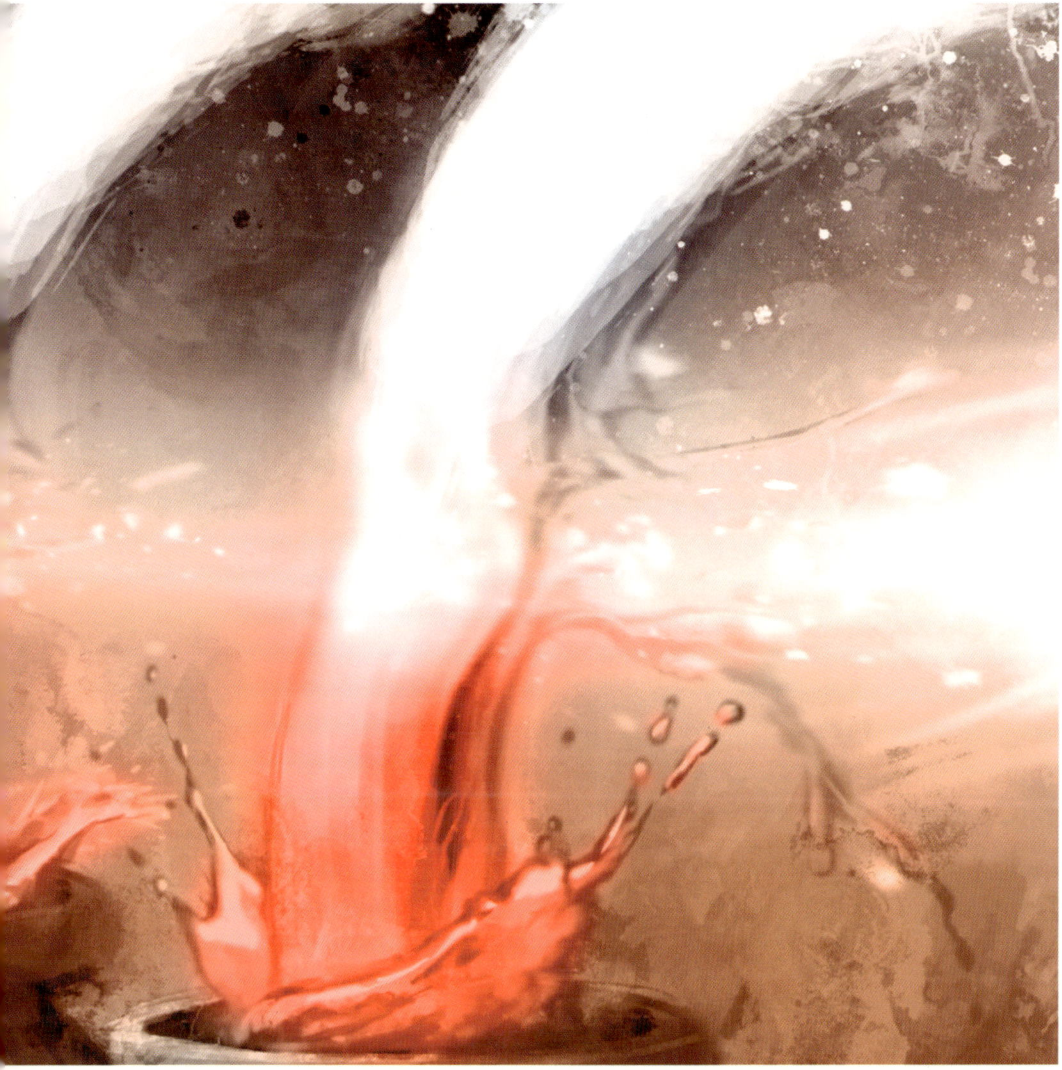

예수께서 그들에게 이르시되 항아리에 물을 채우라 하신즉, 아귀까지 채우니
이제는 떠서 연회장에게 갖다 주라 하시매 갖다 주었더니, 연회장은 물로 된
포도주를 맛보고도 어디서 났는지 알지 못하되 물 떠온 하인들은 알더라(요 2:7-9).

Touch again 2012 KOSTA

가나 혼인잔치 그때처럼, 다시 한 번 말씀으로 다가오셔서 공허한 돌 항아리 같은 우리들이 예수 그리스도의 보혈로 가득 차게 하소서.

하나님이 말씀하시기를 말세에 내가 내 영을 모든 육체에 부어 주리니
너희의 자녀들은 예언할 것이요 너희의 젊은이들은 환상을 보고
너희의 늙은이들은 꿈을 꾸리라(행 2:17).

Showers of Blessing

모든 것이 타 들어갈 만큼 메마르고 건조한 상처투성이인 내 영혼의 땅, 어디선가, 이 땅의 분노와 울분의 붉은 색 열기를 모두 덮어 버릴 시원한 단비를 부르는 소리가 들린다. 엘리야의 기도소리가 들린다.

> 내 이름으로 일컫는 내 백성이 그들의 악한 길에서 떠나 스스로 낮추고 기도하여 내 얼굴을 찾으면 내가 하늘에서 듣고 그들의 죄를 사하고 그들의 땅을 고치지라
>
> (대하 7:14).

나의 사랑, 내 어여쁜 자야 일어나서 함께 가자,

겨울도 지나고 비도 그쳤고(아 2:10-11).

천로역정 - Prologue

그의 말씀이 나의 죄를 적나라하게 비추자, 여정은 시작되었다.

태초에 말씀이 계시니라. 이 말씀이 하나님과 함께 계셨으니 이 말씀은 곧 하나님이시니라. 그가 태초에 하나님과 함께 계셨고 만물이 그로 말미암아 지은 바 되었으니 지은 것이 하나도 그가 없이는 된 것이 없느니라. 그 안에 생명이 있었으니 이 생명은 사람들의 빛이라. 빛이 어둠에 비치되 어둠이 깨닫지 못하더라(요 1:1-5).

천로역정-
Christian March

주님 뜻대로 살기로 했네
내 뒤에서 내가 울고 있다.
주님 뜻대로 살기로 했네
앞에 있는 나도 울면서 간다.
주님 뜻대로 살기로 했네
천근 같은 발걸음만 사무치는 내 노래에
박자를 맞춘다….
뒤돌아서지 않겠네.

무릇 내게 오는 자가 자기 부모와 처자와 형제와 자매와 더욱이 자기 목숨까지 미워하지 아니하면 능히 내 제자가 되지 못하고, 누구든지 자기 십자가를 지고 나를 따르지 않는 자도 능히 내 제자가 되지 못하리라 (눅 14:26-27).

천로역정
-외치는 자의 소리

방향을 알 수 없는 들판을 지나 광야에 다다를 무렵 외치는 자의 소리를 만났다. 천둥 같은 외침이 내 영혼을 향해 돌진한다. 내 안의 모든 것이 부서진다.

"회개하라 천국이 가까이 왔느니라."(마 4:17)

"Repent, for the kingdom of heaven is at hand."

천로역정 - Help

죄의식들이 엉겨붙어서 나를 잡아당긴다. 빠져나갈 수 없어 가라앉아 간다.
그때, 나를 건지러 오는 부드럽고 강한 손…
잊을 수 없는 그 손, 못자국이 있던 그 손!

내가 여호와를 기다리고 기다렸더니 귀를 기울이사 나의 부르짖음을 들으셨도다.
나를 기가 막힐 웅덩이와 수렁에서 끌어올리시고 내 발을 반석 위에 두사 내 걸음을 견고하게 하셨도다.

천로역정 - Evangelist (The Guide)

전도자의 손이 저 너머 유일한 희망의 빛을 가리킨다. 멀리 숲 속에 빛이 보인다. 저기에 가야 한다. 계속 가야 한다.

주의 말씀은 내 발에 등이요, 내 길에 빛이니이다(시 119:105).

두려워하지 말라. 내가 너와 함께 함이니라.
놀라지 말라. 나는 네 하나님이 됨이라.
내가 너를 굳세게 하리라.
참으로 너를 도와 주리라. 참으로 나의
의로운 오른손으로 너를 붙들리라
(사 41:10).

내 슬픔을
등에 지고 가는 자

"일어나라 함께 가자. 보라,

나를 파는 자가 가까이 왔느니라."

(막 14:42)

우리는 다 양 같아서 그릇 행하여

각기 제 길로 갔거늘

여호와께서는 우리 모두의 죄악을

그에게 담당시키셨도다

(사 53:6).

400 years answer

주께서 어떻게 우리를 사랑하셨나이까?(말 1:2).

하나님이 세상을 이처럼 사랑하사 독생자를 주셨으니

이는 그를 믿는 자마다 멸망하지 않고 영생을 얻게 하려 하심이라(요 3:16).

시공감각 예배 - 태양 찬양대

하나님이 해를 위하여 하늘에 장막을 베푸셨도다. 해는 그의 신방에서 나오는 신랑과 같고 그의 길을 달리기 기뻐하는 장사 같아서 하늘 이 끝에서 나와서 하늘 저 끝까지 운행함이여 그의 열기에서 피할 자 없도다

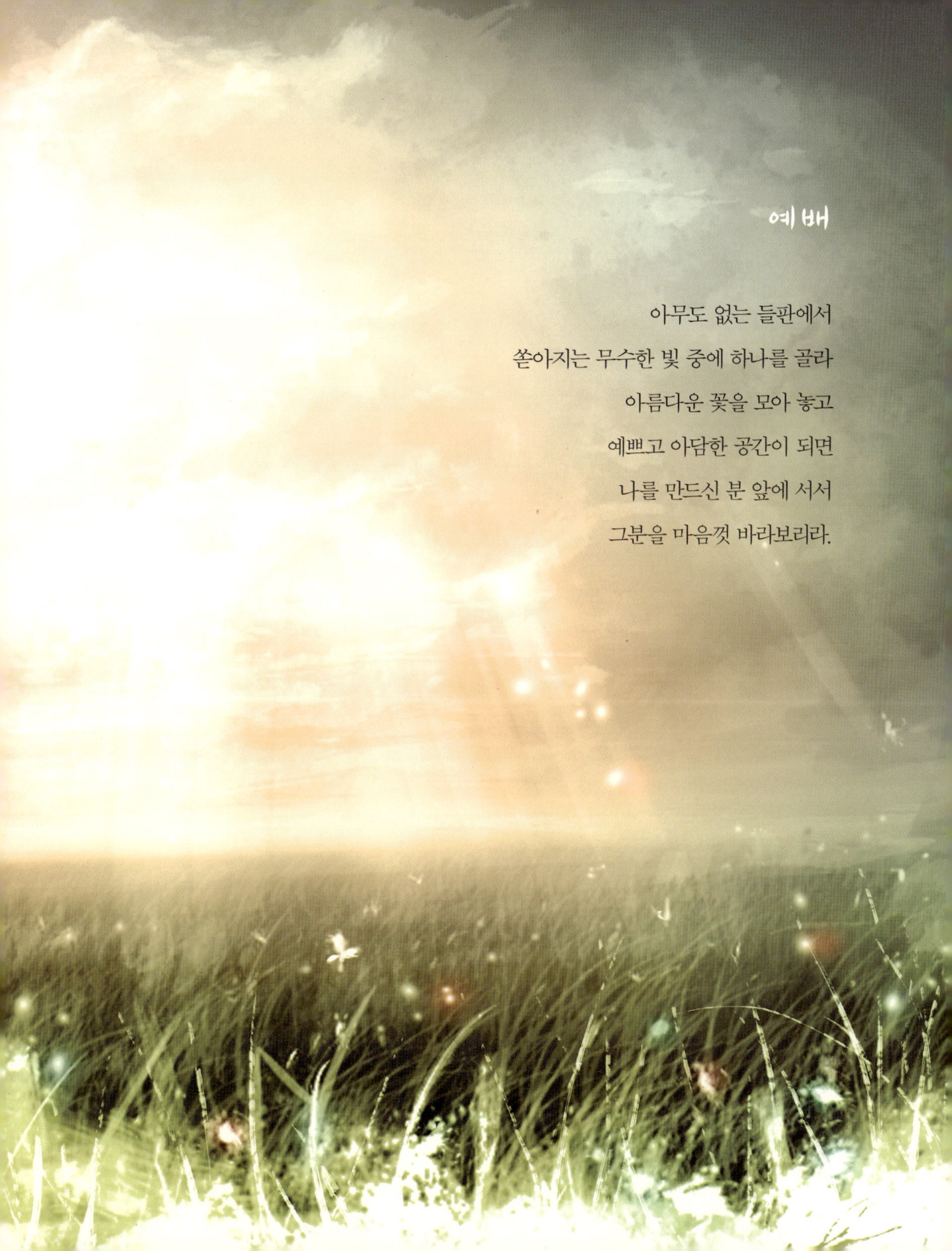

예배

아무도 없는 들판에서
쏟아지는 무수한 빛 중에 하나를 골라
아름다운 꽃을 모아 놓고
예쁘고 아담한 공간이 되면
나를 만드신 분 앞에 서서
그분을 마음껏 바라보리라.